Ich bin nicht verrückt
Ich bin ein Prophet

Colette Toach

www.ami-bookshop.com

Ich bin nicht verrückt - Ich bin ein Prophet
Originaltitel: I'm Not Crazy - I'm a Prophet

ISBN-10: 1-62664-124-2
ISBN-13: 978-1-62664-124-2

Urheberrecht © 2016 durch Apostolic Movement International, LLC
Alle Rechte vorbehalten
5663 Balboa Ave #416,
San Diego,
California 92111,
Vereinigte Staaten von Amerika

1. deutsche Auflage: Juli 2016

Herausgegeben von: **Apostolic Movement International, LLC**
Email-Adresse: admin@ami-bookshop.com
Web-Adresse: www.ami-bookshop.com

Alle Rechte vorbehalten gemäss dem internationalen Urheberrechtsgesetz. Weder das Buch noch ein Teil davon dürfen in irgendeiner Form ohne schriftliche Erlaubnis des Herstellers reproduziert werden.

Die Bibelstellen stammen aus der revidierten Elberfelder Bibel.

Inhaltsverzeichnis

Inhaltsverzeichnis 3
Einleitung – Propheten sind verrückt! 8
    Definiere die Leidenschaft 8
    Die Bestimmung des Propheten 14
    Die Gemeinde wartet auf dich! 15
Kapitel 01 – Deine Verrücktheit ist meine Normalität .. 18
    Dein allererstes „Verrückt-Sein" 19
    Ihre Norm war mein Anormal! 21
    Behalte deine Verrücktheit 24
Kapitel 02 – Propheten sind ... anders 30
    Hallo Herr und Frau Aussenseiter! 32
    Was macht dich anders? 34
    Schliesse dich der Herde der schwarzen Schafe an ... 50
Kapitel 03 – Eine Definition des Propheten 56
    Der prophetische Topf 57
    Was macht also einen Propheten aus? 58
    Gaben versus Berufung 61
    Nun kochst du! 64
Kapitel 04 – Die Angesicht-zu-Angesicht-Beziehung mit Jesus 72
    Einleitung - Es beginnt alles mit einer Beziehung 72

Es ist Zeit, erwachsen zu werden! ... 73
Du bist kein Michael Jackson ... 75
Der Herr Jesus - dein allerbester Freund! ... 78
Erinnere dich: „Wie ist Sein Name?" ... 79
Der Schüssel dazu, andere Propheten zu beurteilen 82
Werde ein Beispiel, damit Veränderung kommen kann ... 85
Was steht zwischen dir und der Intimität ... 87
Reife erreicht: Im Geist wissen ... 91

Kapitel 05 – Willkommen zu deiner Hochzeit ... 94

Hauptproben sind trotz allem keine so schlechte Idee ... 94
Es braucht ein bisschen Übung ... 95
Eine Zeit der Absonderung wartet auf dich ... 97
Das erste Zeichen, dass du erwachsen wirst ... 98

Kapitel 06 – Sieben Schritte, um an den geheimen Ort zu kommen ... 104

Schritt 1 - Journaling ... 104
Schritt 2 - Praktiziere Seine Gegenwart ... 104
Schritt 3 - Involviere Ihn in jeden Teil deines Lebens ... 107
Schritt 4 - Gehe weg vom Lärm! ... 109
Schritt 5 - Mache keinen Schritt ohne Seine Richtungsweisung ... 110
Schritt 6 - Laut journalen! ... 113

Schritt 7 - Höre Seine Stimme im Wort 114
Die letzte Phase des Trainings 116
Geheime Abkürzung zum prophetischen Amt 118

Kapitel 07 – Aerobic-Training für Propheten 122
Gib es mir! 123
Es gibt einen einfachen Weg durch das Drama hindurch 124
Die Vorbereitung - Ein Drei-Schritte-Prozess 125
Schritt 1: Identifiziere die Nägel und die Dornen 125
2. Gib zu, dass es dein Fleisch ist! 128
3. Lerne, schnell zu sterben! 132

Kapitel 08 – Meilensteine der prophetischen Reise 140
Die drei Meilensteine in deiner prophetischen Vorbereitung 142
1. Tod 143
2. Auferstehung 147
3. Verherrlichung 153
Die Startlinie deiner Reise 157

Über die Autorin 160

Empfehlungen der Autorin 162
Prophetische Grundlagen 162
Der Weg der Träume und Visionen 163
Praktischer Prophetischer Dienst 163

Wie du Gottes Stimme hörst (Set für eine Studiengruppe) 164

A.M.I. Prophetic School 164

Kontaktangaben 166

Einleitung

Propheten sind ...
verrückt!

Einleitung – Propheten sind verrückt!

Hallo. Mein Name ist Colette Toach und du hast dieses kleine Buch in die Hand genommen, weil Gott heute eine Nachricht für dich hat.

Sag mir, was denkst du, macht einen Propheten aus?

Propheten gibt es heute wie Sand am Meer. Du findest sie nun in vielen Gemeinden und jeder hat diese Vorstellung, dass der Prophet derjenige ist, der aufsteht und jeden Sonntag an den Treffen diese grossen prophetischen Worte gibt.

Viele stellen sich vor, dass er derjenige ist, der nach dem Treffen herumrennt und allen prophetische Worte gibt.

Definiere die Leidenschaft

Was macht die Propheten aus? Es ist ihre Leidenschaft! Es ist ihre Wut. Es ist ihr Wunsch. Es ist ihr Traum. Es ist ihre Bereitschaft, für den Herrn verrückt zu sein!

Es ist das Herz, das sie für diejenigen haben, die verletzt sind.

Der Prophet ist derjenige, der die Gemeinde anschaut und diejenigen sieht, die verletzt sind und abgelehnt werden. Sein Herz schmerzt für diejenigen, die den Herrn kannten, sich aber dann von Ihm abwandten, weil sie vom Kirchensystem verletzt wurden.

Der Prophet wird auch wütend, wenn er sieht, wie Gottes Kinder in der Gemeinde verletzt und zerstört werden. Er kann es nicht ausstehen, wenn er sieht, wie sich der Heilige Geist bewegen möchte, aber es nicht tun kann, weil es Menschen gibt, die ihn daran hindern.

Er kann nicht anders! Tatsächlich ist die Leidenschaft manchmal so stark, dass er beginnt, sich zu hinterfragen und zu sagen: **„Herr, was ist falsch mit mir? Ich muss etwas falsch machen."**

Es ist diese Leidenschaft, die der Prophet hat, die ihn von anderen unterscheidet. Er hat diesen verrückten Wunsch, dass jeder in der Gemeinde dazugehören und einen Platz haben sollte. Der Prophet schaut um sich und sagt: „Herr, wo gehört diese Person hin?"

BIST DU EINE ODER EINER DIESER VERRÜCKTEN?

Bist du eine oder einer dieser lästigen Typen, die einfach nicht aufhören, verrückte Fragen zu stellen wie:

> **„Warum hat nicht jeder einen Platz?"**
>
> **„Warum werden einige Menschen in der Gemeinde gebraucht und andere nicht?"**

Ich bin ziemlich sicher, dass dich einige dieser Fragen in grosse Schwierigkeiten gebracht haben.

Wie dem auch sei, du hast einen Traum. Einen Traum, die Gemeinde als etwas zu sehen, das sie heute noch nicht ist.

Du willst in den Gottesdienst gehen und sehen, wie der Heilige Geist sich frei bewegt. Du willst die Programme aus dem Fenster werfen und Gott die Kontrolle geben.

Ok, um fair zu sein, wir können ein etwas dramatischer Haufen sein und manchmal, wenn wir bestimmen könnten, würden alle Strukturen zum Fenster hinausgeschmissen. Danke dem Herrn für Mentoren und geistliche Eltern, die dir helfen können, ein gutes Gleichgewicht zu finden.

Aber hey - vielleicht war es an der Zeit, dass die Gemeinde in die andere Richtung schwang! Seit Jahren wurde der Heilige Geist herausstrukturiert, darum ist vielleicht ein gesalbtes Chaos genau das, was wir brauchen.

Die Ein-Mann-Armee

Natürlich ist der Prophet der übereifrige Soldat, der kopfvoran aufs Schlachtfeld hinausrennt, sein Schwert wie wild schwingt und alles gibt, was er hat, um den Feind zu besiegen.

Meistens schaut er jedoch zurück, nachdem er ein paar Schläge ins Gesicht bekommen hat, und stellt fest, dass er ganz alleine auf dem Schlachtfeld steht und er fragt sich, was gerade passiert ist.

Die Wahrheit? Die Gemeinde ist noch nicht mitgekommen. Das heisst aber nicht, dass sie nicht auch dorthin kommt! Mit der Zunahme von prophetischen Diensten, die sich erheben, ist die Gemeinde sich tatsächlich am Verändern. Vielleicht ist dies so, weil auch die Propheten reifer werden.

Anstatt dass du versuchst, die Horden der Hölle im Alleingang zu bezwingen, stoppst du für einen Moment oder zwei, um deine Attacke zu planen. Sie hat etwas für sich - die gute alte prophetische Reife!

Daher ist es gut, dich an dem zu erfreuen, was dich anders macht und wenn du dieses „Tief" hast, kannst du einen Moment lang innehalten, um reifer zu werden, und dann zurück zum Rest der Armee draussen im Feld gehen und ihnen einen besseren Weg zeigen.

UNSERE FEHLER BEREITEN DEN WEG FÜR ANDERE

Vielleicht ist der Grund dafür, warum der Herr dem Propheten erlaubt, so viele Fehler zu machen, derjenige, dass wir für andere lernen können, damit sie diese Fehler vermeiden können.

Du musst nur ein paar Mal auf deine Nase fallen, um mit grosser Überzeugung zu sagen: „Gemeinde des Allerhöchsten ... glaube mir, wenn ich sage - GEHE NICHT durch diese Türe!"

All deine Fehler waren also keine Zeitverschwendung. Es sind Lernelemente für andere, damit sie dieselben Fallgruben vermelden können.

Während du also losgerannt bist, um die Welt zu verändern, hast du herausgefunden, dass du derjenige bist, der am meisten Veränderung braucht. Wenn du zu dieser Schlussfolgerung gekommen bist, dann bist du bereit, die Berufung auszulaufen, die Gott dir gegeben hat.

Wie sehr möchtest du, dass sich die Gemeinde verändert? Nun, die Veränderung, durch die die Gemeinde hindurchgeht, entspricht ziemlich genau einer mathematischen Gleichung, die in etwa so aussieht:

Die Veränderung, durch welche die Gemeinde hindurchgehen wird, stimmt genau mit der Veränderung überein, durch die du bereit bist, hindurchzugehen.

Nun, bist du verrückt genug, Verantwortung dafür zu übernehmen? Das Wort sagt, dass die Gemeinde auf dem Fundament der Apostel und Propheten aufgebaut ist. Es führt die Propheten auch als die zweithöchste Dienstberufung auf.

Dachtest du also, dass du ungestraft davonkommst? Wenn die Gemeinde sich verändern muss, wie viel mehr wirst du dafür Verantwortung übernehmen müssen?

Wenn du dies in dich hineinsinken lässt, dann wirst du verstehen, warum du die Strasse gelaufen bist, die du gelaufen bist und auch warum sie schwieriger war als die Strasse von anderen. Du weisst nun, warum die Prüfungen schwieriger waren und warum das Feuer heisser war.

„BEQUEMLICHKEIT" IST EIN SCHMUTZIGES WORT

Wem viel gegeben ist, von dem wird auch viel verlangt. Darum ja, diese Prüfungen und dieses Feuer machen etwas mit uns. Sie machen uns etwas ... sonderbar in den Augen anderer. Dem Rest der Gemeinde ist es erlaubt, gelegentlich in selbstzufriedene Gleichgültigkeit zu verfallen.

Jemandem, der dazu berufen ist, ein Prophet zu sein - nicht wirklich! Selbstzufriedene Gleichgültigkeit und „Bequemlichkeit" sind ehrlich gesagt ziemlich schmutzige Worte im Mund eines Propheten!

Wir haben aber einen doppelten Trost. Erstens liegt Trost darin, dass der Herr Jesus uns ein bisschen verrückt gemacht hat. Er hat uns dazu erschaffen, aufzufallen und Verantwortung zu übernehmen.

Der zweite Trost ist, dass du nicht alleine bist. Du bist nur genauso eigenartig wie all die anderen Propheten dort draussen. In einer Zeit, in der sich der prophetische Dienst in jeder Denomination erhebt, kannst du sicher sein, dass du im Geist mit vielen anderen schwarzen Schafen Händchen hältst!

DAS, WAS DU WILLST

Du bist nur eine/r einer neuen Generation von geistlichen Soldaten, die verrückt genug sind, mehr in der Gemeinde zu wollen.

Du wagst es, für dich selbst du denken ...

„Ich will in ein Treffen hineinlaufen und sehen, wie der Heilige Geist sich bewegt."

„Ich will sehen, wie die Menschen ihren Platz finden."

„Ich will sehen, wie die Verletzten und Zerbrochenen geheilt werden."

„Ich will sehen, wie die Verlorenen wiederhergestellt werden."

„Ich will sehen, wie Ehen und Leben geheilt werden."

„Ich will sehen, wie Gläubige, die ein schweres Leben haben, in die Gegenwart des Herrn kommen und geheilt werden."

„Ich will sehen, wie diejenigen, die von Satan gebunden sind, freigesetzt werden."

Habe ich Recht? Ich weiss, dass ich Recht habe! Ich habe Recht, weil dies das ist, was einen Propheten ausmacht.

Es geht nicht darum, wie oft du prophezeist oder wie viele Träume du hast. **Gott hält nicht Ausschau danach, in wie vielen Gaben du fliessen kannst.** Gott wünscht sich ein leidenschaftliches Herz.

DIE BESTIMMUNG DES PROPHETEN

Der Prophet ist von Gott dazu berufen, die Braut ihrem Erretter vorzustellen. Er ist dazu berufen, die Gemeinde wunderschön zu machen. Weisst du, wie viele Gläubige durch ihr Christenleben gehen, ohne Jesus wirklich zu kennen?

Was für dich so einfach ist – andere Gläubige haben es nicht. Deine Fähigkeit, Gottes Stimme zu hören und deine Fähigkeit, durch Musik in Seine Gegenwart zu kommen, ist nicht die Norm für alle anderen. Für viele Gläubige fühlt es sich so an, als ob sie in einer Wüste wandeln.

Gott hat dich dazu berufen, diese Gläubigen an der Hand zu nehmen und ihnen zu lehren, wie sie in eine Beziehung mit ihrem liebenden Retter kommen können.

Stelle dir eine Gemeinde vor, in der jeder Gläubige Jesus kennt und Seine Stimme für sich selbst hören kann. Dies in der Gemeinde zu erreichen, dazu ist der Prophet berufen.

Du bist nicht dazu berufen, ein Superheld zu sein und der Einzige, der von Gott hören kann. Gott beruft dich, das, was du hast, der Gemeinde zu impartieren.

DIE GEMEINDE WARTET AUF DICH!

Wenn du an die schwierigen Zeiten zurückdenkst, mit denen du konfrontiert warst, dann lassen sie sich nicht mit der Veränderung vergleichen, die Gott dich berufen hat, in Seiner Gemeinde zu bewirken. Es gibt einen Grund dafür, warum du das durchmachen musstest, was du durchgemacht hast!

Der Grund dafür, warum du dich wieder und wieder ans Kreuz genagelt fandest, ist, weil die Gemeinde wartet!

Sie wartet darauf, dass die Propheten Gottes sich erheben und die neue apostolische Bewegung, die Gott am Erschaffen ist, gebären. Die Gemeinde wartet darauf, dass die Propheten sich erheben und im Geist das freisetzen, was Gott tun will.

Kapitel 01

Deine Verrücktheit ist meine Normalität

Kapitel 01 – Deine Verrücktheit ist meine Normalität

Alle starrten uns über den Tisch hinweg an. In eine kleine „Familienversammlung" hineingetrickst, waren Craig und ich in einer Situation gefangen, aus der wir nicht entkommen konnten.

Wir hatten unsere Pläne kundgetan, mit unseren zwei Kleinkindern unsere Koffer zu packen und Südafrika zu verlassen, um uns meinen Eltern in Mexiko anzuschliessen, mit dem Ziel, im Dienst mitzuhelfen.

„Was denken sie sich dabei?"

„Sie sind solch verantwortungslose Eltern."

„Was lässt sie denken, dass sie es im Dienst zu etwas bringen können?"

„Sie gehen mit ihren Kindern einfach weg, um sie in Mexiko verhungern zu lassen."

Jeder hatte eine Meinung und es war schwierig, gegen so viel Widerstand festzustehen. Es fühlte sich so an, als ob in der Form von Umständen, der Familie und von Freunden alle Horden der Hölle gegen uns ankamen. Es spielte aber keine Rolle, wie heiss das Feuer brannte, denn wir hatten beide eine Überzeugung in unseren Herzen, die nicht nachgeben würde.

Es spielte keine Rolle, wie verrückt es klang, wir wussten, dass dieser Schritt vom Herrn war.

Nun, das war im Jahr 1998 und wir hatten keine Ahnung, wie ein solcher Schritt unsere Leben verändern würde. Jetzt, Jahre später, schauen wir auf den internationalen Dienst, den Gott geschaffen hat und auf unsere zwei „Kleinkinder", die nun junge Damen und ein wichtiger Teil unseres Dienstteams sind.

Es gibt Zeiten in unserem Leben als Propheten, in denen uns Gott beruft, verrückte Dinge zu tun, darum vertraue mir, wenn ich dir sage, dass du nicht alleine bist.

DEIN ALLERERSTES „VERRÜCKT-SEIN"

Niemand vergisst jemals dieses vertraute Gefühl von Schmetterlingen im Bauch, das du hattest, als der Herr dich das erste Mal bat, für Ihn zu sprechen. Nun, als ich gerade erst ins prophetische Amt eingesetzt worden war, ging es mir so mit all dem Drama, das einem Prophetenneuling folgt!

Ich war so begeistert von all den Gaben und Offenbarungen, die Gott mir gegeben hatte, dass nicht ein Tag verging, an dem ich nicht jemandem ein prophetisches Wort gab. Jemand schrieb unserem Dienst und fragte, wie er sich in eine unserer Mailinglisten eintragen konnte und ich antwortete mit einem prophetischen Wort.

Ok, ... so liefen die Dinge ein kleines Bisschen aus dem Ruder. Das ist jedoch typisch für mich. Es gibt einfach keine halben Sachen bei mir und wenn es etwas wert ist, dass man es für den Herrn tut - dann ist es es wert, richtig getan zu werden!

Natürlich wartete der Feind nur darauf, dies gegen mich zu verwenden und mein Hunger, jedem „die Wahrheit zu sagen" führte mehr als einmal dazu, dass ich zur falschen Zeit sprach oder eine Offenbarung gab, die überhaupt nicht vom Herrn war.

DAS GEWICHT DER VERANTWORTUNG

Wir sind alle dort gewesen! Es ist aufregend, vom Herrn gebraucht zu werden, aber es braucht einige Male, in denen wir zu Boden geschlagen werden, um uns wirklich bewusst zu werden, wozu Er uns berufen hat.

Für Ihn zu sprechen ist kein Spiel und kein lustiger Zeitvertreib. Es geht darum, Menschenleben in unsere Hände zu nehmen.

Oh Mensch, ich war so übertrieben selbstbewusst! Ich wollte die ganze Welt im Alleingang verändern. Als der Herr einen Weg für uns öffnete, um in einer Gemeinde in Europa auszuhelfen, gaben wir uns voll und ganz hinein.

Ich organisierte alles neu! Ich gab Richtungsweisung und übertrat mehr als nur einmal die Grenzen meiner Leiterschaft. Ich wünschte mir einfach so sehr, dass alle Jesus so kennen, wie ich Ihn kannte. Ich wünschte mir so sehr, dass alle einen Platz haben.

Nun, ich hatte eine Fülle an guten Absichten, aber Weisheit war in meinem Zeitplan nicht sehr grossgeschrieben. Anstatt dass ich die Braut, die Jesus so sehr liebt, nährte und wachsen liess, liess meine

Begeisterung einige schmerzvolle Ablehnungen entstehen.

IHRE NORM WAR MEIN ANORMAL!

Es stellte sich heraus, dass nicht jeder so bereit war wie ich, die Welt auf den Kopf zu stellen. Eigentlich waren sie ziemlich glücklich mit ihrem Leben und wollten einfach, dass ich ihrer Norm die Salbung hinzufügte.

Die Wahrheit war aber - ihre Norm war anormal für mich. Auf der anderen Seite war meine Norm Verrücktheit für sie. Ich fühlte mich so, als ob ich in einer deutschsprachigen Gemeinde chinesisch sprach.

Sie hätten meine Botschaft verstehen sollen, aber sie taten es nicht. Also dachte ich: „Diese Leute müssen sich verändern!"

Ja, es war wahr, sie mussten sich verändern. Aber Gott sagte zu mir: „Du musst dich verändern!"

Ich hasse es, wenn Er dies tut. Gerade dann, wenn du denkst, dass du alles schön ordentlich beisammen hast, dann bringt Er das Bild durcheinander. Da war ich also, bereit, die Welt zu verändern und der Herr sagte, dass Er zuerst mich verändern musste.

Ich hatte das Feuer. Ich hatte die Leidenschaft. Was mir jedoch fehlte, waren Reife und Weisheit.

Tue es mit Stil

Zu lernen in göttlicher Weisheit zu wandeln, dauerte etwas länger, als die prophetischen Gaben zu erhalten. Ich erhielt die Geistesgaben wirklich einfach und konnte im Handumdrehen Träume interpretieren und prophetische Worte geben.

Wie man es jedoch mit Stil macht - dies brauchte etwas Übung. Siehst du, ich lernte, dass verrückt zu sein eine gute Sache ist, aber damit andere Menschen mein „Verrückt-Sein" akzeptieren, musste ich anders auf sie zugehen.

Ich musste meine „Verrücktheit auf eine Art und Weise herausputzen", damit sie sie empfangen konnten. Ich musste ihre Sprache sprechen!

Für die längste Zeit war ich überzeugt, dass die Menschen die Dinge auf meine Art und Weise sehen müssen. Dies dauerte so lange, bis mir der Herr eine geistliche Brille aufsetzte und ich die Grösse des Balkens in meinem Auge sah. Ich war so sehr bereit, alle Splitter aus den Augen der anderen zu entfernen, dass ich nicht sah, dass ich einen ganzen Holzstapel hatte, der meine geistliche Sicht blockierte.

Ich begann zu verstehen, dass es wirklich keine Rolle spielte, ob sie die Dinge auf meine Art und Weise sahen. Es spielte keine Rolle, ob sie meine Offenbarung empfingen und es spielte keine Rolle, ob sie mich hart verurteilten.

Deine Verrücktheit ist meine Normalität

Alles, was zählte, war, dass Jesus das Herz Seiner Braut wollte und dass es an mir lag, dies geschehen zu lassen! Mein Stolz und mein Zeitplan?

Sie waren am unwichtigsten auf Gottes Liste. Ganz oben auf Seiner Liste stand Seine Braut und Er wollte wissen, ob ich bereit war, den Preis zu bezahlen, um dies Wirklichkeit werden zu lassen.

WARUM WIR ANDERS SIND

Der Herr hat mich für einen bestimmten Zweck abgesondert und Er machte mich ein bisschen verrückt, damit ich Dinge sehen würde, die andere nicht sehen. Seit dem Tag, an dem ich geboren wurde, rüstete Er mich für etwas Anderes aus.

Es gab einen Grund, warum ich immer am Rand stand und von aussen zuschaute. Gott hatte mich dorthin gestellt! Er stellte mich dorthin, damit ich eine neue Perspektive der Welt und der Gemeinde um mich herum erhalten konnte.

Diese Perspektive erlaubte es mir, die Zerbrochenen und Zerschlagenen zu sehen. Es öffnete meine Augen, damit ich sowohl die Mängel in der Gemeinde wie auch diejenigen in meinem eigenen Herzen sehen konnte.

Plötzlich realisierte ich, dass das, wozu der Herr mich berufen hatte, nicht unbedingt das war, wozu Er die Gemeinde berufen hatte. Ich war ein Werkzeug in Seinen Händen und dieses Werkzeug war zufälligerweise das am merkwürdigsten aussehende Werkzeug im Werkzeugschuppen!

BEHALTE DEINE VERRÜCKTHEIT

Vielleicht hast du dieselben Dinge erlebt, aber bist zu derselben falschen Schlussfolgerung gekommen. Du betrachtest deine Verrücktheit und die Strasse, die du gereist bist, an und du denkst, dass du „die Dinge etwas ruhiger nehmen musst."

Dein Feuer und deine Leidenschaft sind nicht das Problem hier. Es ist einfach die Art und Weise, wie du sie den Menschen präsentierst. Verliere also nicht, was dich ausmacht und was dich anders macht. Sei vielmehr bereit, dich zu verändern und erwachsen zu werden.

Wenn du dieses Konzept verstehst, wird es ein schnelles Werk in dir sein. Das Feuer, das der Herr uns gegeben hat, fühlt sich manchmal wie ein Inferno an. Du weisst nicht, was du mit der Leidenschaft und der Liebe anstellen sollst, die in dir drin sind.

Sie jedoch einfach über die nächste arme Person „zu ergiessen", die vorübergeht, ist nicht die Art und Weise, wie man es tut. (Nimm dir meine Worte der Erfahrung diesbezüglich zu Herzen.) Nicht jeder ist bereit für deinen grossartigen und mächtigen „Schwall".

Sei also nicht beleidigt, wenn die Leute nicht verstehen. Bitte den Herrn vielmehr um die richtigen Worte zur rechten Zeit, um sie auf eine Art und Weise mitzuteilen, die die Menschen erreicht.

Deine Verrücktheit ist meine Normalität

Als Jesus mit Nikodemus sprach, „sprach Er seine Sprache". Du siehst einen deutlichen Unterschied zwischen der Art und Weise, wie Er mit ihm sprach und wie Er mit Seinen Jüngern sprach.

Der Herr konnte jeden erreichen und dorthin wirst auch du kommen. Zuerst musst du jedoch sehen, was dich ticken lässt. Finde heraus, was dich anders macht und wohin du von hier aus gehen musst.

NICHT ALLE SIND SO WIE DU

Der schwierigste Teil in diesem Prozess ist, dass du immer so anders bist, wenn du um andere Gläubige herum bist. Du gehst vom Dich-über-diesen-Unterschied-zu-Beklagen bis hin zum Denken, dass alle so sein sollten wie du.

Was du erkennen musst, ist, dass du aus einem guten Grund anders bist und dass es an dir liegt, anderen Menschen zu helfen, ihren eigenen Weg zu finden, genauso wie du deinen fandst.

Du weisst, wie hart es sich anfühlt, im Regen stehen gelassen zu werden. Nun, auf eine bestimmte Art und Weise fühlt sich jeder Gläubige so wie du. Sicher, nicht jeder ist ein Prophet, aber jeder Gläubige hat eine Berufung.

Glaube mir, jeder fühlt sich so, als würde er nicht dazugehören. Sie fühlen sich so, als ob ihr Leben einen bestimmten Zweck hat, wissen aber nicht, wo sie hingehören.

Hier kommt unsere eigene Reife ins Spiel. Der Zweck unserer Berufung ist nicht, zu versuchen, alle in Propheten zu verwandeln, sondern herauszufinden, wo sie hingehören.

Ich kann nur zusammenzucken, wenn ich daran zurückdenke, wie begeistert ich darüber war, ein Prophet zu sein. Für mich war es „die Berufung, die man haben musste" und ich sah danach überall um mich herum Propheten! Ich rief jeden in den Tod, genauso wie der Herr mich in den Tod rief.

Ich konnte nicht verstehen, warum die nettesten Menschen mir aus dem Weg gingen. Ich meine - was konnte man daran nicht lieben? Lieben es nicht alle, streng korrigiert, herausgefordert und in den Tod gerufen zu werden und dazu gebracht zu werden den Preis für die Berufung zu bezahlen?

Es war eine harte Wirklichkeit, die ich konfrontieren musste - nicht alle wollten sterben! Machst du Witze? Verstanden sie nicht, dass dies der einzige Weg zur Auferstehung war?

Es stellte sich heraus, dass die meisten Gläubigen nicht so scharf auf das „Fleisch-nagelnde, Dornen-stechende und Speer-stossende" Drama des prophetischen Trainings waren.

Es stellte sich heraus, dass jede und jeder eine einzigartige Berufung hatte, die andere Trainings voraussetzte. Es dauerte eine Weile, bis ich das herausfand und selbst heute noch schaudert es mich, wenn ich an die armen Pastoren denke, die ich in den prophetischen Tod rief.

EIN BISSCHEN SYMPATHIE FÜR DIESE PASTOREN

Ich war so frustriert, weil sie es einfach „nicht begriffen"! Es stellte sich heraus, dass ich diejenige war, die es „nicht begriff". Ich bin froh, dass ich heute Pastoren eine helfende Hand in ihrem Amt sein kann, ohne sie in die Seite zu stossen und sie ans Kreuz zu nageln.

Als ich auf meiner Reise vorwärtsging, wurde mir klar, dass es diejenigen gibt, die zu den Diensten am Leib Christi berufen sind und solche, die ganz einfach dazu berufen sind, in einer Gemeinde zu dienen. Was Gott mir gegeben hatte, war meine einzigartige Berufung und es lag an mir, sie auszulaufen - und nicht an der ganzen Gemeinde, sie auszulaufen.

Dies verändert die Dinge ein bisschen, nicht wahr? Es gibt dir auch eine Ruhe in dem, was du bist. Du kannst akzeptieren, wie Gott dich gemacht hat und kannst akzeptieren, wie Gott andere gemacht hat.

Du kannst auf deine eigene Art verrückt sein und sie können auf ihre eigene Art verrückt sein. Zusammen jedoch können wir ein Leib sein, der diese Welt erschüttern wird!

Vielleicht kannst du dich mit einigem von dem, was ich hier mit dir geteilt habe, identifizieren und ich hoffe, dass es das Feuer in dir angezündet hat. Der Herr hat einen Platz für dich in Seiner Gemeinde. Die Mühen, durch die du hindurchgegangen bist, waren es wert und was dich so anders macht, ist genau das, was dich als etwas Besonderes abhebt.

Darum ja, wir sind eine verrückte Gruppe, aber genau jetzt braucht die Gemeinde ein bisschen Verrücktheit. Lass uns einander also bei den Händen nehmen und uns an dem freuen, was uns anders macht. Dann lass uns von dort weitergehen und die Gemeinde an einen Punkt der wahren Veränderung im Namen des Herrn bringen!

Kapitel 02

Propheten sind ...
anders

Kapitel 02 – Propheten sind ... anders

Ich bin nicht wirklich eine grosse Tierfreundin. Es ist merkwürdig, denn als ich ein Kind war, liebte meine Mutter Hunde. Ich mochte Katzen mehr, war aber nie wirklich eine Hunde-Person.

Schliesslich hatte ich aber vier Kinder und du musst einem Kind nicht sagen, dass es Tiere gernhaben soll. Sobald sie reden konnten und ein kleines Kätzchen, Hündchen oder Entchen in der Nähe war, begann das stürmische Bitten und Drängen. Sie wollten Tiere in ihrem Leben haben.

Was sollte ich also tun? Ich wollte wirklich keinen Hund. Sie sabbern, sie verlieren Haare, sie machen überall ihr Geschäft und kauen auf deinen Lieblingsschuhen herum.

Wie dem auch sei, meine Töchter fanden einen Weg, der an meiner festen Entschlossenheit vorbeiführte, und änderten meine Meinung jedes Mal.

Sie sagten: „Oh, aber Mami, schau! Es ist das Kleinste und Schwächste des Wurfes. Dieses arme kleine Ding ist ganz alleine und abgelehnt. Niemand will es ..."

Und nun weisst du also, wie wir zu unseren Hunden kamen. Den einen Welpen fanden wir am Strassenrand. Da war sie ... und sah aus wie ein armes kleines Ding. Sie war hungrig, alleine und verlassen. Ihre Welpenhundeaugen baten mich: „Bitte nimm mich mit nach Hause. Ich bin ein sehr trauriger und einsamer kleiner Hund."

Wider besseren Wissens konnte ich mir einfach nicht helfen. Was kann ich sagen? Es war das zurückgebliebene Jungtier, der kleine Kümmerling. Es war die kleine Verbannte, die niemand wollte.

Nun, bis zum heutigen Tag kann ich einem zurückgebliebenen Jungtier, einem solch kleinen Aussenseiter nicht widerstehen, obwohl ich keine Hunde-Person bin. Weisst du, dieser kleine Aussenseiter ist derjenige, der von allen anderen Welpen herumgestossen wird. Nicht einmal seine Mutter zeigt grosses Interesse an ihm.

Das zurückgebliebene Jungtier ist normalerweise dasjenige, das gegen den Schluss geboren wurde und nicht wirklich viel Hoffnung aufs Überleben hat. In der Wildnis schafft es das zurückgebliebene Jungtier oft gar nicht. Es stirbt bevor es erwachsen wird.

Aber durch diese Erfahrungen habe ich herausgefunden, dass diese zurückgebliebenen Jungtiere, die abgelehnt und ausgestossen wurden, die besten Hunde sind. Sie werden zu den liebendsten und treusten Begleitern. Es ging so weit, dass selbst ich, diese „unhündische" Person, wirklich so weit kam, jeden Einzelnen von ihnen zu lieben. Sie fanden einen Weg in mein Herz.

Hallo Herr und Frau Aussenseiter!

Als Propheten sind du und ich genau wie der Kleinste und Schwächste des Wurfes. Ich denke, dass ich darum eine solche Schwäche für diese zurückgebliebenen Jungtiere habe - diese armen, dürren, abgelehnten und ausgestossenen kleinen Dinger, die niemand jemals wollte.

Ich denke, dass der Herr auch eine Schwäche für Aussenseiter hat. Er mag es, diesen kleinen Aussenseiter zu nehmen, ihn festzuhalten und ihn mit Liebe zu übergiessen, so dass dieser Kümmerling am Ende zum bemerkenswertesten und wunderbarsten Geschöpf wird.

> *1. Korinther 1,27 Sondern das Törichte der Welt hat Gott auserwählt, damit er die Weisen zuschanden mache; und das Schwache der Welt hat Gott auserwählt, damit er das Starke zuschanden mache.*

In dieser Bibelstelle steht überall dein Name. Es ist in der Tat dein Bekenntnis als Prophet und ich denke, es ist ein sehr passender Ort, um dieses Buch zu beginnen.

Nun, wie sieht es aus? Wache auf und schliesse dich mir an, indem du sagst.

> *Sondern [Hier kommt dein Name], als etwas Törichtes der Welt hat Gott auserwählt, damit er die Weisen zuschanden mache; und [Hier kommt dein Name], weil ich eine/r der Schwachen der Welt bin, hat Gott auserwählt, damit er das Starke zuschanden mache.*

Im Wesentlichen ist es das, was es bedeutet, ein Prophet zu sein. Die Wahrheit ist, dass du nie dazu gehört hast. Du warst immer der Aussenseiter. Du wolltest immer wie die anderen Hunde sein, aber du warst es nie. Du hattest nie dieselben Wünsche wie alle anderen.

Das Geheimnis dabei ist, dass dies genau die Art und Weise ist, wie Gott dich immer haben wollte! Es ist im Geheimnis deiner „Aussenseiterheit", in der du in Seiner Kraft wandeln wirst. Denn wenn du schwach bist, dann ist Er stark. Wenn du töricht bist, dann ist Er weise.

Wenn wir am schwächsten und am törichtesten sind, liebt es der Herr, einzuschreiten und der Welt genau zu zeigen, wie wunderbar Er ist. Wenn diese Berufung eine Darstellung unserer natürlichen Stärken und Fähigkeiten wäre, wie würde dies dann Gott verherrlichen?

Wenn du mit all deinen sorgsam gehegten Fähigkeiten aufstehen würdest, wie könntest du sagen: „Schaue auf Jesus in mir", wenn du in Wirklichkeit sagst: „Sieh, wie fantastisch ich bin!"?

Als Prophet kannst du dich nicht selbst rühmen. Wenn du es jemals für einen Moment versuchst, kannst du sicher sein, dass du dein zartes Gesicht an eine kalte Steinmauer gepresst wiederfindest. Wenn du es also müde bist, Sand in deinen Augen zu haben und Steine zwischen den Zähnen, dann konfrontiere die Tatsache.

Akzeptiere den „Aussenseiter" in dir, den Gott berufen und auserwählt hat. Wenn du dies tust, wirst du die verborgene Kraft Jesu entdecken.

WAS MACHT DICH ANDERS?

Im ersten Kapitel werden wir anschauen, was dich als Prophet anders macht. Hoffentlich bist du am Ende so glücklich über diese Unterschiede, dass du bereit bist, sie zu nehmen und dich zu erheben.

Warum bist du, kleiner Kümmerling, so anders als die anderen grossen Hunde „dort draussen"?

1. Du siehst die Dinge anders

Wenn du ein Prophet bist, dann hast du diese unangenehme Angewohnheit, in eine Gemeinde zu gehen und sofort alle Dinge zu sehen, die dort falsch sind. Nun, dies macht dich nicht sehr beliebt, nicht wahr?

Nun, es mag dich nicht beliebt machen, aber es macht dich ganz sicher zum Propheten! Es macht dich anders und es ist etwas, das Gott in dich hineingelegt hat. Er hat dir die Fähigkeit gegeben, die Dinge anders zu sehen.

Du kannst nicht verstehen, warum niemand bemerkt, dass überall in der Gemeinde auf dem Volk Gottes herumgetreten wird. Du bemerkst, wenn die eine Person mit wahrem Potenzial übersehen und jemand vorgezogen wird, der mehr Talent und keine Salbung hat.

Du bist klein wie ich ... du siehst immer die Kümmerlinge und Aussenseiter und wünschst dir, du könntest sie heilen und dich zu ihnen hin ausstrecken.

Wenn etwas nicht mit dem Wort Gottes übereinstimmt, dann stört dich dies. Wenn dem Heiligen Geist gesagt wird, dass Er in der letzten Reihe Platz nehmen soll, weil Er die Dreistigkeit hatte, sich schon vor den Ankündigungen zu zeigen, willst du mit deiner Familie und allen anderen in der Gemeinde sofort zur Türe hinausmarschieren!

Darum ja, vielleicht bist du wie ein kleines zurückgebliebenes Jungtier, das allen die ganze Zeit lästig ist, aber preise den Herrn, weil dies genau das ist, was du sein solltest.

Die Dinge anders zu sehen ist eine Qualität, die dich als Prophet ausmacht. Höre also auf, dir zu wünschen, dass du so wie jeder andere wärst und erkenne, dass du, gerade weil du die Dinge anders siehst, ein grösseres Potenzial hast, Veränderung in den Leib Christi zu bringen.

2. Du kennst die Sprache des Geistes

„Komme zurück auf den Boden der Realität!"

„Du vergeistlichst einfach alles."

„Kannst du nicht einfach normal sein? Warum bist du so religiös?"

„Warum können wir nicht einfach ‚Spass' haben, anstatt zu beten?"

Kommt dir einer dieser Sätze bekannt vor? Du musst dich aber nicht sorgen, weil es einen Grund gibt, warum du diese verrückte Schwäche hast, so ‚geistlich' zu sein. Dies ist darum so, weil der Herr will, dass du in Bildern denkst.

> *4. Mose 12,6 Und er sprach: Hört doch meine Worte! Wenn ein Prophet des HERRN unter euch ist, dem will ich mich in einer Erscheinung zu erkennen geben, im Traum will ich mit ihm reden.*

Du bist dazu bestimmt, die Dinge in Typen und Schatten zu sehen, weil dies die Sprache des Geistes ist.

Vielleicht warst du eines dieser Kinder, die ihre Nase immer in einem Fantasyroman hatten. Vielleicht schautest du lieber Filme und mochtest Fantasiegeschichten und -welten.

Auf jeden Fall warst du sehr wahrscheinlich während Stunden in deiner Tagtraumwelt, träumtest dir Dinge zusammen und dachtest immer in Bildern.

Sagte man von dir, dass du öfter irgendwo „in den Wolken schwebtest", als dass du auf dem Boden der Realität warst? Wenn dies so war, dann hast du einen Grund für eine Lobpreisparty. Es mag dich anders machen, aber es ist wiederum etwas, das deine prophetische Berufung ausmacht.

Als Prophet bist du dazu bestimmt, in Bildern zu denken!

Vielleicht hat dich dies etwas eigenartig gemacht, als du ein Kind und Jugendlicher warst. Du warst wahrscheinlich nicht so sehr der lernbegierige Typ und hast es vorgezogen, ein Fantasybuch zu lesen oder etwas zu tun, das dich anspornte, deine Vorstellungskraft zu gebrauchen.

Vielleicht warst du sehr kreativ und liebtest es, diese Seite in dir zu entwickeln. Ich will dir hier bestätigen, dass dies etwas Gutes ist. Es ist tatsächlich eines der Zeichen der prophetischen Berufung.

Es ist in Ordnung, der Träumer zu sein

Es gibt keinen Zweifel, dass du mit dem Druck konfrontiert warst, dich allen anderen anzupassen. Allegorisch zu sein und deinen Kopf in den Wolken zu haben hat dir wahrscheinlich mehr Schwierigkeiten bereitet, als dir lieb ist.

Mir bereitete es gewaltige Schmerzen über die ganze Seite meines Kopfes ... wortwörtlich! Ich war auf dem Nachhauseweg und befand mich wieder einmal in meiner sehr lebendigen Tagtraumwelt.

Meine Füsse führten mich treu nach Hause und meine Gedanken waren irgendwo hoch oben in den Wolken am Fliegen, allen Problemen entflohen, denen ich während des Tages begegnet war.

Mein träumender Zustand wurde plötzlich unterbrochen und ich war sehr verwirrt, als mein zarter, kleiner Kopf sich mit einem gnadenlosen Strassenlampenpfosten verband. In meinem Kopf widerhallte ein mächtiges ‚Gong' und ein Blitz des Schmerzes verteilte sich wie ein Feuerwerk über meine Backe.

Dies schmerzte jedoch kaum verglichen mit der Realität. In meiner Nähe brach Gelächter aus, als eine Gruppe meiner Kollegen und Kolleginnen ab meinem Dilemma laut lachte. Ich nehme an, um fair zu sein, dass ich ziemlich merkwürdig ausgesehen haben muss.

Der Film in meinem Kopf, in dem ich direkt in einen Pfosten hineinlief, der ganz klar mitten in meinem Weg stand, spielte sich auf dem ganzen Nachhauseweg immer wieder in meinen Gedanken ab.

Darum ja, unsere idealistische Sicht, wie die Gemeinde aussehen sollte und unsere Neigung, in bildhaftes Denken wegzudriften, kann dich in Schwierigkeiten bringen. Es ist aber auch die Quelle der Offenbarung, die dich von anderen unterscheidet.

Selbst Jesus sprach in Gleichnissen, als Er aufstand, um zu predigen. Er sprach in Bildern und erzählte die ganze Zeit Geschichten.

Du hast all dieses Potenzial in dir drin. Es ist wie eine Bombe, die darauf wartet, hochzugehen. Du hast es jedoch immer unterdrückt, weil du dachtest, dass anders zu sein, wie du es bist, dir nur mehr Schwierigkeiten bringen würde, als es dir wert war.

Ich will darum etwas von diesem Druck von dir wegnehmen. Du musst nicht vollkommen auf deine linke Gehirnhälfte vertrauen und ein Denker sein. Erkenne, dass Gott dich dazu erschaffen hat, ein Träumer zu sein.

Du musst die Gedanken Christi und nicht deine eigenen aussprechen und dies wird durch deinen Geist geschehen.

Habe also keine Angst, deine Andersartigkeit herausstehen zu lassen. In der Tat, entwickle sie, weil dies eine Voraussetzung für dich als Prophet ist.

3. ICH UND MEIN GROSSES MAUL!

Etwas Weiteres, das dich sehr von anderen unterscheidet (ich muss nicht einmal ein Prophet sein, um dies sagen zu können), ist, dass du Dinge sagst, die du nicht sagen solltest.

Du öffnest dein grosses Maul und du bringst es soweit, dass du eine ganze Menge Dinge sagst, die du nicht sagen solltest. Du neigst dazu, Leute zu verärgern.

HEISS ODER KALT? LAUWARM BEKOMMT „EINEN TRITT IN DEN HINTERN"

Dein Mundwerk ist schneller als dein Kopf, weil du die Dinge schwarz und weiss siehst. Es gibt kein Dazwischen bei dir. Die Gemeinde ist entweder kalt oder heiss - lauwarm hat keinen Platz.

> *Offenbarung 3,16 Also, weil du lau bist und weder heiss noch kalt, werde ich dich ausspeien aus meinem Munde.*

Dies ist eine Stelle, nach der du als Prophet lebst und das ist richtig so. Es stammt von einem Feuer, das im Thronraum Gottes selbst entzündet wurde.

Du siehst Dinge im Leib Christi, die nicht richtig sind, aber du stoppst nicht einfach dort. Du machst diesen kleinen Fehler ... du öffnest dein grosses Maul und verleihst diesen Ansichten Ausdruck!

Wie viele Male hat dich dies in Schwierigkeiten gebracht? Nimm mich zur Seite und flüstere mir die Antwort ins Ohr: „Wie viele Gemeinden haben dich darum hinausgeworfen?"

Dachtest du, dass du der Einzige/die Einzige bist, der/die wegen seinem/ihrem grossen Maul aus einer Gemeinde herausgeworfen wurde? Willkommen im Klub! Die meisten Propheten, die ich kenne, waren früher oder später einmal an diesem Punkt.

Du wurdest mit Ablehnung konfrontiert und hast eigenhändig erfahren, wie es sich anfühlt, herausgeworfen zu werden.

Du bist nur ein kleiner Aussenseiter mit einem grossen Maul, der Dinge sagt, die er nicht sagen sollte. Nun, preise den Herrn dafür!

Das ist es, was dich anders macht. Es macht dich aus und unterscheidet dich von anderen. Es ist genau das, was Gott will, dass du es bist.

Vielleicht hast du nach einer ungemütlichen Einladung, „eine andere Gemeinde zu finden" zu viel, gedacht, dass es besser für dich wäre, still zu bleiben und zu versuchen, wie jeder andere zu sein. In gewissem Masse hast du recht.

Propheten sind ... anders

Du musst lernen, wann es weise ist, still zu sein und wann du dein grosses Maul aufmachen und etwas sagen musst.

Mache dir jedoch keine Sorgen, denn darum liest du dieses Buch. Ich werde dir bei diesem Problem weiterhelfen. Ich werde dir zeigen, wann du sprechen solltest und wann nicht.

Lass dies aber kein Grund für dich sein, ganz aufzuhören, die Dinge zu bemerken. Lass dich davon nicht entmutigen, die Dinge in schwarz und weiss zu sehen. Gib deine Leidenschaft deswegen nicht auf.

Anstatt dass du dem Druck erlaubt hast, dein Feuer noch stärker brennen zu lassen, hast du ihm leider erlaubt, das Gegenteil zu bewirken. Du hast zugelassen, dass deine Leidenschaft abnimmt.

Hör mir zu, du bist dazu bestimmt, anders zu sein. Es ist wegen all dieser Andersartigkeiten, die wir bis jetzt angeschaut haben, dass du fähig sein wirst, dein prophetisches Mandat zu erfüllen. Du brauchst diese Andersartigkeiten, wie ein Töpfer seine Töpferscheibe braucht, um den Ton zu formen.

Solange du nicht lernst, diese Andersartigkeiten zu entwickeln, wirst du nicht fähig sein, in der Fülle aufzustehen, die Gott für dich hat.

PREISE DEN HERRN UND BRENNE HELL

Danke dem Herrn also dafür! Es spielt keine Rolle, dass du Dinge sagst, die du nicht sagen solltest, denn zumindest hast du den Mut, es zu tun. Der Leib Christi braucht das. Die Gemeinde braucht Menschen wie dich, die den Mut haben, das zu sagen, was gesagt werden muss, trotz der Ablehnung, die du deswegen vielleicht in Kauf nehmen musst.

Wenn du dazu stehst und dich nicht beirren lässt, haben wir wenigstens einen Propheten, der aufsteht und die Wahrheit sagt, während alle anderen in Verführung sind!

Wir brauchen mehr Propheten im Leib Christi, die den Mut haben, die Dinge zu sagen, die sie nicht sagen „sollten", denn es gibt viele Menschen, die Dinge sagen, die Gottes Volk in die Irre führen.

Also müssen du und ich dort hineingehen, und für Aufruhr sorgen. Vielleicht sind wir eine Menge kleiner zurückgebliebener Jungtiere, die den Mond um Mitternacht anheulen. Aber weisst du was? Wir werden Veränderung in den Leib Christi bringen. Ist es am Ende des Tages nicht genau das, worum es geht?

Deine Andersartigkeit hat dich manchmal in Schwierigkeiten gebracht. Wenn du ehrlich bist, wusstest du, dass du manchmal nicht richtig lagst.

Ja, vielleicht wäre es besser für dich gewesen, dieses eine Mal, als du „diese Sache" vor allen anderen zu „diesem Pastor" gesagt hast, auf den Mund zu sitzen.

Vielleicht war es dumm, dies zu tun, aber dies bedeutet nicht, dass du dortbleiben oder dem erlauben musst, deine Berufung zu zerstören.

Den Punkt, den ich hier machen will, ist, dass du, was auch immer passiert, diesen Erfahrungen, die du machtest, nicht erlauben sollst, deinen Mut wegzunehmen. Lass diese Dinge nicht das Feuer, das in dir brennt, auslöschen.

Du brauchst dieses Feuer, denn ohne dieses Feuer wirst du dein Mandat nicht erfüllen. Du musst anders denken und die Dinge anders sehen, damit du es erfüllen kannst. Habe also keine Angst, all diese Andersartigkeiten noch stärker hervorkommen zu lassen als zuvor.

4. GEBET - DER PURE ATEM GOTTES!

Warum betrachten die meisten Gläubigen Beten als solch eine lästige Pflicht?

Bin ich die Einzige, die dies erlebt hat? Du kündigst ein Gebetstreffen an und nur wenige (wenn überhaupt jemand) tauchen auf? Diejenigen, die auftauchen, sind meistens all die prophetischen Typen. Sie lieben es, zu beten! Alle anderen würden es vorziehen, an eine Lobpreisparty oder irgendwohin zu gehen, wo es spannender ist.

Alle halten immer Ausschau nach der nächsten Sache, die Spass macht. Niemand will innehalten, um Zeit im Gebet zu verbringen. Es ist einfach nicht spannend für sie. Für die Propheten aber ist es eine grosse Leidenschaft.

Viele sagen: „Oh, ich muss es wirklich fest versuchen und mir Zeit herausnehmen, um zu beten." Für den Propheten geht es jedoch nicht nur ums Gebet, sondern es bedeutet, mit dem Herrn zu sprechen und eine Beziehung mit Ihm aufzubauen.

Sieh die Sekunden vorbeistreichen ...

Als ich ein Kind war, lebte ich für einige Monate bei meinen Grosseltern. Sie hatten jeden Morgen um sieben Uhr mit der ganzen Familie ein Gebetstreffen.

Sieben Uhr morgens war damals viel zu früh für mich, um geistlich zu sein. Für mich war das so, als wäre man mitten in der Nacht aufgestanden. Im Winter, wenn es so kalt und dunkel war, war es besonders schwierig.

Nun, da waren wir also um sieben Uhr morgens und es war Zeit zu beten.

Für dich tönt dies vielleicht wunderbar - eine gemütliche kleine Familiengebetszeit. Wie nett. Ja, richtig! Vielleicht in einer Fantasiewelt. In Wirklichkeit war es Montagmorgen und ich war müde, hatte kalt und musste danach noch zur Schule gehen.

Und so begann das kaum hörbare Gebet. „Ich danke dir für diesen Tag, Herr. Danke, dass ich einen guten Tag in der Schule haben werde. Danke, dass du uns sicher wieder nach Hause bringen wirst ... amen."

Ich schaute die alte Kuckucksuhr an der Wand an, als jede Sekunde laut im stillen Raum widerhallte. Die Zeit zwischen jedem ‚tick' und ‚tack' fühlte sich wie eine Ewigkeit an, aber genau um fünf nach sieben waren wir alle fertig mit unseren Gebeten und ab ging's in die Schule.

Weisst du, so stelle ich mir Beten wirklich nicht vor. Ich bin mir ziemlich sicher, dass du es dir auch nicht so vorstellst, aber leider sehen es viele andere Gläubige genauso.

Wenn du ganz begeistert bist und zu jemandem sagst: „Ich gehe beten", sehen sie Rückblenden ihrer eigenen Version dieser Kuckucksuhr in ihrem Kopf, die in Zeitlupe tickt, während sie versuchen, nicht einzunicken.

Wenn die richtige Art zu beten und die Bedeutung davon nicht gelehrt wurde, verliert es seine Leidenschaft und wird zu einer lästigen Pflicht. Sie denken: „Nun, es ist das Richtige, das man tun muss, aber der Herr hört wahrscheinlich sowieso nicht zu."

Als Prophet siehst du es definitiv nicht so. Du hast das verborgene Geheimnis des Gebets entdeckt. Du weisst, dass Beten einfach ein anderes Wort für „ein Liebesverhältnis mit Jesus" ist. Und so ist Beten für dich, dich zu verbergen und in eine andere Welt entführt zu werden.

Es bedeutet, auf dem Thron zu sitzen und Erlasse auszusprechen. Es bedeutet, zu hören, wie der Herr dir Seine Geheimnisse ins Ohr flüstert.

Ist es eine Überraschung, dass Propheten jede Möglichkeit nützen werden, die sie kriegen können, um sich mit dem Herrn zu verbergen? Du betest auf deinem Weg zur Arbeit. Du betest, während du kochst. Du betest in deiner Badewanne (dies ist immer noch mein Lieblingsort, um die tiefsten Offenbarungen zu erhalten!).

Du hast ein Geheimnis angezapft, das die meisten Gläubigen nicht kennen und anstatt dass du zulässt, dass dies Trennung bringt, solltest du etwas von diesem Feuer ausgiessen! Wenn du anderen lehren kannst, wie sie dieselben Dinge erleben können wie du, wenn du mit dem Herrn alleine bist, dann wirst du die Gemeinde verwandeln.

Deine „Andersartigkeit" ist wie dieses einfache Atom. Alleine sieht es nicht nach viel aus, wird es aber in die richtigen Umstände hineingesetzt, hast du das Potenzial für eine Bombe, die zerstörerisch ist!

Ich werde diesen Teil mit einem kleinen Gebetszwischenfall beenden, der dir ein bisschen etwas darüber erklären wird, wie anders wir als Propheten sind.

Wir waren erst gerade aus Südafrika in Mexiko angekommen und es war das erste Mal für Craig, in einem anderen Land Auto zu fahren. Was die Sache ein bisschen nervenprickelnd machte, war, dass man in Südafrika auf der anderen Strassenseite fährt - ganz nach britischem Stil.

Die riesigen Autobahnen hier machten ihn nervös und er achtete auf jede Bewegung, die er auf der Strasse machte.

Ich sass auf dem Beifahrersitz und dachte nicht wirklich über dieses Dilemma nach, aber nach gutem „prophetischem Brauch" fand ich, dass nun eine gute Zeit war, um zu beten.

Während er also sein Steuerrad mit Bestimmtheit umfasste, sass ich neben ihm und sprach auf dem ganzen Weg einfach leise in Zungen.

Die Reise dauerte gute 40 Minuten und neben meiner Stimme, die sich hob und senkte, war es still im Auto. Das Summen der Reifen auf der Strasse schien mein Gebet zu unterstützen, als wir fuhren.

Endlich erreichten wir unser Ziel und Craig schaffte es, seinen Weg auf einen Parkplatz zu finden. Er hatte gerade eben sein erstes internationales Fahrerlebnis überlebt.

Ich fühlte mich nach einer guten Gebetszeit erfrischt, ohne zu bemerken, dass mein beständiges Beten auf dem ganzen Weg von Craig als etwas vollkommen Anderes angesehen wurde.

Er stellte den Motor ab und, mit seinen Händen immer noch auf dem Steuerrad, schaute er mich betreten an und sagte: „Liebling, bin ich wirklich so schlecht gefahren?"

Prophet, Leidenschaft und Gebet gehen alle Hand in Hand! Craig und ich haben in der Zwischenzeit gelernt, besser miteinander zu kommunizieren und sicherzustellen, dass wir während unseren langen Reisen, auf denen wir beten ... dies gemeinsam tun!

5. Du bist ein Salbungs-Freak

Wir haben in unserem Dienst einen Insiderwitz. In unserer ersten Prophetenschule (die wir 1999 starteten) hatten wir in der Anmeldung eine Frage, die die meisten Propheten genau gleich beantworteten.

Die Frage war: Wenn du in der Gemeinde irgendetwas verändern könntest, was wäre dies?

Die sehr überraschende übliche Antwort, in unterschiedlichen Worten ausgedrückt, lief auf Folgendes hinaus: „Entfernt die Stühle, damit Gottes Volk den Herrn mit Hingabe anbeten kann!"

Siehst du, wenn Propheten lobpreisen, musst du aus dem Weg gehen. Sie wollen ihre Hände emporhalten, sie wollen rufen und tanzen. Sie wollen sich selbst ausdrücken, ohne etwas zurückzuhalten.

Leider ist dies nicht immer willkommen, weil abhängend von deiner Denomination, scheint es in vielen Gemeinden ein unausgesprochenes Gesetz zu geben, das besagt:

„Du kannst klatschen. Das ist in Ordnung. Vielleicht kannst du ein bisschen hin und her wippen und es mag sogar in Ordnung sein, deine Hände ein bisschen zu heben. Sobald es jedoch über diese Grenzen hinausgeht, wird es den Leuten unangenehm."

Du bist in einem Lobpreistreffen und die Kraft kommt herunter. Was tun Propheten? Das Einzige, was sie tun können! Sie beginnen Gott mit aller Kraft zu preisen.

In diesen Momenten wirst du erleben, wie die Leute sich von dir wegbewegen. Sie beginnen, dich komisch anzuschauen und haben die Frechheit, sich für dich zu schämen.

„Da ist der Aussenseiter, der „es" wieder tut ..."

Aber wir kennen die Wahrheit. Wir wissen, dass es im Lobpreis und der Anbetung ist, in der du die Herrlichkeit Gottes herunterbringst!

Du kennst die Kraft, die Joschafat in dieser Stelle entdeckte:

> *2. Chronik 20,21 Und er beriet sich mit dem Volk und stellte Sänger für den HERRN auf, die Loblieder sangen in heiligem Schmuck, indem sie vor den zum Kampf Gerüsteten auszogen und sprachen: Preist den HERRN, denn seine Gnade währt ewig!*
> *22 Und zu der Zeit, da sie mit Jubel und Lobgesang anfingen, legte der HERR einen Hinterhalt gegen die Söhne Ammon, Moab und die vom Gebirge Seïr, die gegen Juda gekommen waren; und sie wurden geschlagen.*

Joschafat war auch ein Salbungs-Freak, weil er die Kraft des Lobpreises kannte. Wenn du den Herrn preist, wirst du nicht nur Seine Gegenwart spüren, sondern es ist auch der Ort und die Zeit, wo und wann du Dinge geschehen sehen wirst.

Darum glaube ich fest, dass Propheten das Lobpreis- und Anbetungsteam in der Gemeinde leiten sollten. Lobpreis und Anbetung fliessen in ihren Venen. Sie haben vielleicht nicht das Talent, aber sicher die Leidenschaft dafür.

Man sieht es aber nicht oft genug in der Gemeinde. Für gewöhnlich ist der Prophet derjenige, der den Projektor bedient und die Liederblätter verteilt, während alle anderen anbeten. Der Prophet ist letztendlich derjenige, der hinten in der Kirche aufsteht, tanzt und den Herrn preist, weil niemand neben ihm oder ihr stehen will.

Sie machen zu viel Lärm. Sie sorgen für Aufruhr und machen viel Aufhebens ... diese verrückten kleinen Aussenseiter! Was hat dieser Aussenseiter nun wieder vor? Er preist den Herrn! Es wird dich von den anderen unterscheiden.

SCHLIESSE DICH DER HERDE DER SCHWARZEN SCHAFE AN

Du bist also das schwarze Schaf und passt nicht hinein. Das ist okay, denn Gott beabsichtigte nicht, dass du hineinpasst. Vielleicht sorgst du für Aufruhr und ärgerst die Leute, aber wir werden daran arbeiten. Ich werde dir lehren, wie du vermeiden kannst, dass du die Leute die ganze Zeit verärgerst.

Ich werde dir zeigen, wie du einfach dort hineingehen kannst und manchmal viel Aufhebens machen wirst, weil du es einfach nicht ganz verhindern kannst. Für Aufruhr zu sorgen ist ein Teil deiner Berufung.

Es ist eine einfache Tatsache, dass du Dinge sagen wirst, die andere nicht hören wollen und Dinge aufdecken wirst, die sie nicht sehen wollen.

Willkommen - dies ist hier in der Herde der schwarzen Schafe normal. Wenn du dazu berufen bist, ein Prophet zu sein, dann begrüsst du die Herausforderung. Du willst, dass dich die Menschen verändern.

LASS ES MICH DIR ALSO „GANZ DIREKT SAGEN"

Als Heranwachsende/r warst du anders, aber wolltest zum Rest der Kinder in der Schule dazugehören. Du wolltest so sein wie deine Nachbarn, deine Geschwister und deine ganze Familie, aber du warst es nie.

Dein ganzes Leben lang hast du angestrengt versucht, normal zu sein und eines der beliebten Kinder zu sein. Du schafftest es aber nie. Nun, dies ist darum so, weil du dazu bestimmt warst, es nicht zu schaffen.

Erlaube mir, dich in ein anderes Geheimnis einzuweihen.

Denke einmal an die Menschen, die es in dieser Welt zu etwas bringen - warum denkst du, sind sie so beliebt?

Es ist nicht, weil sie so normal sind. Im Grunde ist genau das Gegenteil der Fall. Sie werden angehimmelt, weil sie so anders sind und weil sie in ihrer Andersartigkeit sicher sind und stolz darauf sind. Sie haben keine Angst, mit ihrer Andersartigkeit anzugeben.

Denke an irgendjemanden, wenn du durch dein Leben hindurchschaust, der dir aufgefallen ist. Schaue die Menschen um dich herum an, die beliebt sind und immer Freunde haben.

Sie sind die Trendsetter, nicht wahr? Sie sind diejenigen, die etwas Anderes tragen werden, nur um einen Punkt zu machen. Sie werden etwas Anderes fahren, nur um einen Punkt zu machen

Siehst du, sie rühmen sich ihrer Andersartigkeit und als Resultat davon werden die Menschen von ihnen angezogen, wie die Motten vom Licht. Es gibt etwas in uns, das von etwas angezogen wird, das anders ist.

Wenn du jedoch in dieser Andersartigkeit nicht sicher bist, wirst du abgelehnt werden. Wenn du in deiner Andersartigkeit sicher bist, werden die Menschen von dir angezogen werden.

Es ist wichtig, dass du diese Haltung besonders für den Dienst übernimmst. Wenn du willst, dass die Menschen beginnen, von dir zu empfangen, wirst du an einen Punkt kommen müssen, an dem du einfach in deiner Andersartigkeit ruhen kannst.

Propheten sind ... anders

Sei kühn und mutig, sicher und voller Freude über das, was dich anders macht. Wenn du dies tun kannst, dann wirst du wie ein Licht sein, dass die Motten zu deiner Flamme hinzieht. Du wirst wie eine Explosion in der Gemeinde sein, zu der andere kommen werden, um sich aufzuwärmen.

Vielleicht bist du also der/die Kleinste und Schwächste des Wurfes. Aber du bist der wertvollste Besitz in der ganzen Menge, den der Herr ausgewählt, festgehalten und erhoben hat, damit du zu etwas Herrlichem im Leib Christi wirst.

KAPITEL 03

EINE DEFINITION DES PROPHETEN

Kapitel 03 – Eine Definition des Propheten

Am Ende des Tages gibt es für mich keinen besseren Weg, um „loszulassen", als mich in der Küche zu „verstecken".

Nach einem Tag, an dem ich im Dienst hinausgegeben habe, Offenbarungen bekommen habe und hundert andere Lasten des Dienstes bewältigt habe, ist ein Stück Fleisch anzupacken und eine Zwiebel zu hacken, bis mir die Tränen kommen, eine angenehme Unterbrechung von all den anderen Dingen.

Vielleicht fühle ich mich so, weil Kochen so etwas Normales ist. Hauptsächlich ist es jedoch deshalb, weil ich die Kreativität darin liebe! Ich muss nicht ein Apostel sein, um zu kochen ... ich kann einfach „mich selbst sein" und etwas kreieren, das Spass macht und meine Familie versorgt.

Und so ist Kochen etwas, das ich gerne tue. Es holt mich aus meinem Tag heraus und erinnert mich daran, dass meine Kinder immer noch ihre „Mama" für die einfachen Dinge im Leben brauchen.

Mein Ehemann, immer schon leidenschaftlich dafür, diese Begeisterung, die ich habe, zu unterstützen, war nur zu gerne bereit, mir all die schönen Töpfe und Pfannen zu kaufen, die ich für dieses Handwerk benötigte!

Er knauserte auch nicht bei guten Messern, weil wir alle am Ende des Tages wissen, dass der Weg zum Herzen eines Mannes sein Magen ist. (Für euch Ladies da draussen ... so traditionell es klingt ... es ist immer noch wahr!)

Das Interessanteste daran ist jedoch, dass in all den Jahren, in denen ich mein Herz ins Kochen hineingab, nie jemand Platz nahm, mein Essen probierte und sagte:

„Wow, dies sind so geniale Töpfe und Pfannen, die du fürs Kochen dieses Essens gebraucht hast."

Ich könnte mir keine grössere Beleidigung vorstellen!

„Willst du mir sagen, dass mein Essen so gut ist wie mein Topf?! Dies ist das letzte Mal, dass ich ein Abendessen für dich gekocht habe, Mister!"

DER PROPHETISCHE TOPF

So komisch diese Illustration klingen mag, ist es ziemlich genau das, was momentan im prophetischen Dienst in der Gemeinde geschieht.

Ein Prophet steht auf, um zu sprechen und anstatt dass die Gemeinde sagt: „Wow, ich kann wirklich sehen, wie er den Leib Christi zur Reife bringt!", sagen sie: „Wow! Hast du dieses prophetische Wort gehört? Das war der grossartigste Topf, den ich jemals gehört habe!"

Was ich darum hier tun möchte, ist, den Mythos von der Realität, um was es beim Prophetischen geht, zu trennen.

Leider betrachtet man den prophetischen Dienst an vielen Orten, und vielleicht tust du dies sogar in deinem eigenen Leben, als Töpfe und Pfannen - als Gebrauchsgegenstände.

Du beurteilst dich anhand der Art und Weise, wie du prophezeist oder Worte der Weisheit und Erkenntnis bringst.

Du denkst, wenn du gute und teure Töpfe und Pfannen gebrauchst, dass dich dies zu einem guten Koch macht. Das stimmt nicht unbedingt. Tatsächlich habe ich einige Köche gesehen, die die schlimmsten Töpfe gebraucht haben, um die köstlichsten Mahlzeiten hinzuzaubern.

WAS MACHT ALSO EINEN PROPHETEN AUS?

Warum ist das so? Weil es nicht um die Werkzeuge geht, die du gebrauchst, sondern vielmehr um das, was du am Ende des Tages präsentierst. Es geht bei allem ums Endbild.

So sind es nicht die Art und Weise, wie du prophezeist oder die vielen Geistesgaben, in denen du fliesst, die dich zu einem Propheten machen. Es geht vielmehr um das, was du produzierst, wenn du diese Werkzeuge gebrauchst. Das Ziel ist, dass du der Gemeinde etwas Grossartiges servieren kannst!

Was mich zu einer guten Köchin macht, sind nicht die Töpfe und Pfannen, sondern es ist meine Kreativität und die Dinge, die mich motivieren.

Eine Definition des Propheten

Was einen Propheten ausmacht, ist das, was in ihm brennt. Was ihn definiert, ist das, was er im Leib Christi tun will und die Auswirkung, die er auf ihn haben wird.

Wenn ich in einer Gruppe bin und herausfinden will, wer der Prophet ist, weisst du, was ich frage? Ich stelle diese einfache Frage: „Sage mir, was brennt in dir? Was würdest du für den Herrn tun, wenn du einfach alles tun könntest, was du möchtest?"

Du sagst: „Nun, das ist eine merkwürdige Frage. Sollte es nicht offensichtlich sein, dass jemand ein Prophet ist, wenn er die ganze Zeit prophezeit?"

Es ist nicht so. Was denkst du, nach welcher Antwort halte ich Ausschau, wenn ich jemandem diese Frage stelle? Nun, lass mich dir sagen, was die Propheten sagen werden.

Sie werden sagen: „Weisst du, es brennt wirklich in mir, die Gefangenen im Leib Christi freizusetzen. Ich sehe so viele Gläubige, die abgefallen und zerbrochen sind. Ich möchte einfach diese Menschen erreichen und sie heilen. Ich will einfach sehen, wie sie wiederhergestellt werden. Ich sehe auch so viele Christen, die vom Rednerpult herab zerstört werden, von denen ich mir wünschte, dass sie erbaut werden.

Ich will sie an ihrem rechtmässigen Platz in der Gemeinde sehen. Ich möchte sehen, wie der Heilige Geist in den Treffen wirklich ohne irgendwelche Einschränkungen frei regieren kann."

Wenn ich diese Art von Antwort höre, sage ich: „Hallo Prophet!"

WAS?! DU BIST EIN PROPHET UND PROPHEZEIST NICHT?!

Selbst wenn es sich herausstellt, dass diese Person nicht prophezeien kann oder keine Träume erhält, werde ich trotzdem ihre prophetische Berufung erkennen.

Wie bitte?

Nun, wenn ich nur einen Topf habe, bedeutet dies, dass ich kein Koch mehr bin?

Es wird meine Arbeit ein bisschen schwieriger machen, aber es bedeutet nicht, dass ich nicht kochen kann. Es ist dasselbe mit dem Propheten. Nur weil du nicht in allen Gaben fliesst, bedeutet dies nicht, dass du nicht dazu berufen bist, ein Prophet zu sein. Es zeigt einfach nur, dass du ein bisschen eingeschränkt bist, aber es bedeutet nicht, dass du nicht berufen bist.

Auf der anderen Seite kannte ich jemanden, der eine sehr ausgefalle Küchenausrüstung hatte. Diese Person hatte sehr viele Töpfe und Pfannen, aber sie kochte nicht.

Macht sie dies zu einer Köchin? Nur weil sie jedes Küchenwerkzeug besitzt, das es auf Erden gibt, bedeutet dies, dass sie plötzlich eine grossartige Köchin ist ...?

Noch einmal, du siehst, dass es immer darum geht, was du mit diesen Werkzeugen machst. Es ist das, was du mit den Gaben machst, das dich abhebt und nicht die Gaben selbst.

GABEN VERSUS BERUFUNG

Lass mich dir darum hier eine kleine Herausforderung geben. Ich will, dass du die Menschen, die du triffst, anschaust und die Gaben vergisst, in denen sie fliessen.

Lass mich dich daran erinnern, dass jeder einzelne Gläubige die Fähigkeit hat, in den Gaben zu fliessen. Apostel Paulus sagte nie, dass die Gabe der Prophetie nur in den Propheten gefunden wird. In Wirklichkeit sagte er: „... damit ihr ALLE weissagt." Jeder einzelne Gläubige hat die Fähigkeit, in allen geistlichen Gaben zu fliessen.

Nun, da wir dies also klargestellt haben, was ist es dann, was einen Propheten von den anderen abhebt? Es ist, wie er den Leib Christi durch seine Gaben zur Reife bringt.

Betrachte *Epheser 4,11-12 Und er hat die einen als Apostel gegeben und andere als Propheten, andere als Evangelisten, andere als Hirten und Lehrer, zur Ausrüstung der Heiligen für das Werk des Dienstes, für die Erbauung des Leibes Christi,*

Es heisst hier nicht, dass es darum geht, prophetische Worte zu prophezeien, Träume zu träumen oder Visionen zu sehen. Paulus sagt klar, dass es darum geht, die Heiligen auszurüsten und den Leib zu erbauen.

Sehr einfach gesagt ist der Prophet dazu berufen, den Leib Christi auszurüsten und zur Reife zu bringen, in dem er jeden Gläubigen an einen Punkt bringt, an dem er oder sie den Herrn Jesus auf eine intime und innige Art und Weise kennt.

DAS BEGEHRTE PROPHETISCHE WORT

Es gibt so viele Gläubige in der Gemeinde, die prophetische Worte bekommen wollen. Weisst du, warum sie sie wollen?

Weil sie vom Herrn hören wollen. Sie sind ziemlich genau so wie ein Mann, der am Verhungern ist.

Du gehst also hin und gibst ihm einen Fisch. Aber morgen ist er wieder hungrig und bittet dich, ihn wieder zu füttern.

Nun, wie viel besser wäre es, diesen Mann zu einem Boot zu bringen, ihm eine Fischerrute zu geben und ihm fischen zu lehren, damit er jeden Tag seine eigenen Fische fangen kann? Was denkst du, welcher Weg nützt ihm wirklich etwas?

Es ist dasselbe im prophetischen Dienst. Alle wollen ein prophetisches Wort bekommen, weil sie hungrig danach sind, vom Herrn zu hören.

Was wirst du also tun? Wirst du fortfahren, die prophetischen Worte zu servieren, nur damit sie morgen wieder zurückkommen, weil sie wieder hungrig sind?

Eine Definition des Propheten

Ein prophetisches Wort ist ein Rhema-Wort für jetzt. Es ist nicht wie eine Lehre. Ich denke, dass es die Lehrer manchmal ein bisschen einfacher haben, weil sie sich einfach auf ihre Lehre verlassen können, die sich wieder und wieder lehren lässt.

Aber ein prophetisches Wort kann nicht immer wieder gegeben werden. Es ist wie Manna - du isst es heute und morgen ist es voller Würmer und bedeutet nichts mehr.

Weisst du, vielleicht bedeutet es einige Zeit später wieder etwas für dich, aber im Allgemeinen dient dir ein Wort vom Herrn, wenn du es erhältst oder darüber stolperst, genau im Hier und Jetzt.

Lass mich dir ein kleines Geheimnis erzählen: Es gibt nur wenige prophetische Worte, die sich über längere Zeit wirklich bewähren. Ja, es mag einige geben, aber für gewöhnlich ist es genau für „jetzt", wenn es ein Wort der Erkenntnis oder der Weisheit auf dem Level des prophetischen Dienstes ist.

Wenn du also fortfährst, prophetische Worte zu geben, werden die Gläubigen begeistert sein, dass sie die Stimme des Herrn hören. Aber morgen werden sie sich wieder niedergeschlagen fühlen, weil das Leben hart ist ... das ist die Realität! Nun, das Erste, was sie sagen, ist: „Gut, lass mich wieder zurück zum Propheten gehen!"

Und so fährst du fort, die Fische auszuteilen, anstatt dem Mann zu lehren, wie er selber fischen kann.

Als Prophet ist deine Funktion nicht, prophetische Worte auszuteilen. Deine prophetischen Worte sind dazu bestimmt, sie näher zum Herrn zu bringen, um sie über Ihn zu lehren.

Es ist an dir, sie unter deine Fittiche zu nehmen und ihnen zu lehren, wie sie für sich selbst vom Herrn hören können.

Nun kochst du!

Siehst du, nun kochst du! Nun gebrauchst du die Töpfe und Pfannen an der richtigen Stelle. Wenn du prophetische Seelsorge gibst, wirst du die prophetischen Gaben als wirklich praktisch empfinden.

In dieser Situation wirst du Offenbarung über die Probleme der Menschen empfangen und kannst ihnen betreffend ihren Schmerzen dienen. Dann kannst du ihnen die Hände auflegen und Heilung hervorsprechen und ihre Leben verändern.

Siehst du, nun bist du am Kochen ... Nun erfüllst du die prophetische Funktion und wandelst in deiner Berufung.

Wonach hältst du also wirklich Ausschau, wenn wir über einen Propheten sprechen? Wonach hält der Herr Ausschau? Er hält Ausschau nach diesem Feuer.

Finde deine „Stareigenschaft"

Genauso wie die kreative Ader einen Koch von anderen unterscheidet, so unterscheidet dieses Feuer den

Eine Definition des Propheten

Propheten von anderen und daher ist es das, wonach du Ausschau hältst.

Du hältst Ausschau nach einem Propheten, der einen Wunsch hat, den Leib Christi zu verändern.

Ein Prophet ist jemand, der etwas Anderes tun will. Er ist jemand, der einen Gläubigen nehmen und sehen will, wie in die Reife kommt.

Du kannst einen Propheten nicht nach seinen Gaben beurteilen. Aber du kannst ihn an seiner Frucht messen - an der Platte, gefüllt mit Essen, die er dir präsentiert. Was hat er dir zu essen gegeben? Womit gehst du nach Hause?

Gehst du mit ein paar Fusseln im Kopf nach Hause oder gehst du nach Hause und hast den Herrn erlebt? Gehst du mit einem Prinzip, einer Fähigkeit, Gott für dich selbst wieder und wieder zu berühren nach Hause?

So bringst du den Leib Christi zur Reife! Du musst sie füttern, so dass sie mit etwas Solidem nach Hause gehen können, ohne dass sie nächste Woche wieder mit leeren Händen zu dir zurückkommen müssen.

Ein Prophet wird durch die Arbeit, die er tut, definiert und nicht durch die Werkzeuge, mit welchen er sie tut. Sicher, die Werkzeuge machen deine Arbeit um einiges leichter, aber sie machen deine Arbeit nicht aus.

Eigentlich solltest du diese Werkzeuge dem Rest des Leibes Christi weitergeben und ihnen lehren, wie sie sie für sich selbst gebrauchen können. Du solltest ihnen lehren, ein bisschen erwachsen zu werden und in der Gabe der Geisterunterscheidung zu fliessen, damit sie unterscheiden können, was von Gott ist und was nicht.

GEBRAUCHE DIE GABEN - ERSCHAFFE EIN MEISTERWERK!

Es ist grossartig, dass du begonnen hast, in den Gaben zu fliessen und ich will dies ganz bestimmt in dir fördern. Ich will, dass du in allen Geistesgaben fliesst und wirklich lernst, deine Werkzeuge zu gebrauchen.

Ich wäre eine dumme Köchin, wenn ich nur einen Topf gebrauchen würde. Genauso ermutige ich dich, alle Gaben, die dir zur Verfügung stehen, zu gebrauchen. Aber ich will, dass du ganz klar verstehst, dass es nicht das ist, was dich als Propheten ausmacht.

Was dich ausmacht, ist das Feuer, das in dir brennt und dein Wunsch, zu sehen, wie der Leib Christi zugerüstet wird, genauso wie dies im Epheser 4 geschrieben steht.

Du bist dazu berufen, die Heiligen auszurüsten, die Menschen zur Reife zu bringen und sie an einen Ort der Reife und einen Ort zu bringen, an dem sie nicht mehr dieselben sind wie zuvor. Das ist deine Funktion im Leib Christi. Beginnst du, das Bild klar zu sehen?

Ich weiss, dass ich ein bisschen auf diesem Punkt herumhacke, aber ich sehe wirklich so viel Missbrauch deswegen im Leib Christi. Jeder, der prophezeien und in den Gaben fliessen kann, wird als Prophet abgestempelt.

Eine Definition des Propheten

Nein! Das wäre genau das Gleiche, wie wenn du sagst, dass jeder, der ein paar Töpfe gekauft hat, ein guter Koch ist ...

Sicher, du kannst Speck und Eier machen, aber weisst du was, es geht beim Kochen um ein bisschen mehr als um das.

Es ist dasselbe mit dem Prophetischen. Sicher, du kannst in der Gabe des Wortes der Erkenntnis fliessen, aber es geht beim Prophetischen um viel mehr als um das. Es geht um mehr als darum, einfach ein paar Worte herauszuwerfen und gut zu klingen und gut auszusehen.

DEINE VERANTWORTLICHKEIT

Ein Prophet zu sein bedeutet, die Verantwortung zu übernehmen und Veränderung in den Leib Christi zu bringen. Es bedeutet, die Gläubigen zuzurüsten und nicht nur irgendwelche Worte herauszuwerfen, die sie auch sonstwo empfangen könnten.

Du bist dazu berufen, Gläubigen zu lehren, wie sie für sich selbst von Gott hören können, so dass sie jeden Tag ihres Lebens journalen und prophetische Worte empfangen können. Indem du dies tust, bringst du Veränderung.

Als Prophet brennt genau das in dir. Du sagst: „Ja, ja!" dazu! Du sagst: „Ich habe genug von dem Gefasel und der Oberflächlichkeit. Ich habe genug von dieser Unzuverlässigkeit."

Vielleicht wurdest du sogar von dem Drama, das du in der Gemeinde siehst, abgeschreckt. Vielleicht hast du die prophetische Bewegung angeschaut und ein paar der anderen gesehen und für dich selbst gedacht: „Ich bin lieber kein Prophet, danke."

Nun, ich mache dir keine Vorwürfe. Weisst du, wenn es das ist, was es bedeutet, ein Prophet zu sein, dann möchte ich auch keiner sein. Danke also dem Herrn, dass es nicht das ist, was es bedeutet, ein Prophet zu sein.

Der Herr hat etwas Grösseres für dich. Sei ermutigt, das Bild nun klar zu sehen zu beginnen. Du kannst dich auch auf die zehn Zeichen der prophetischen Berufung, die wir im Buch *Praktischer Prophetischer Dienst* in den ersten Kapiteln abdecken, beziehen. Wenn du durch diese Zeichen hindurchgehst, wirst du klar sehen, dass deine Berufung wirklich nicht auf Gaben fundiert ist.

Eigentlich basiert sie auf den Motivationen deines Herzens und den Dingen, durch die du hindurchgegangen bist. Ich will, dass du dies gut verstehst, denn es ist grossartig, wenn du die Berufung in deinem eigenen Leben verstehen und identifizieren kannst, aber wie sieht es mit dem Identifizieren davon in anderen aus?

Kannst du andere Propheten entdecken? Kannst du das prophetische Kind sehen, wegen der Dinge, die in ihm brennen?

Eine Definition des Propheten

NUN, SAGE MIR PROPHET - WAS IST SO BESONDERS AN DIR?

Sage mir also? Was ist ein Prophet? Was macht einen Propheten aus?

Was dich ausmacht, ist das, was in deinem Herzen brennt und dies ist, Veränderung im Leib Christi zu sehen, Gläubige in eine Beziehung mit dem Herrn kommen zu sehen und zu sehen, wie sie sich in Autorität über die Probleme in ihrem Leben erheben! Du hast eine Leidenschaft dafür zu sehen, wie die Gläubigen in ihren Leben Autorität über Satan nehmen.

Es gibt nichts Spannenderes und Begeisternderes, als sich die Zeit zu nehmen, jemandem diese Prinzipien zu lehren und zu sehen, wie sie sich erheben, wenn sie sie anwenden. Als Prophet musst du deine Hände im Spiel haben, damit diese Veränderung stattfindet.

Du und ich, wir sind limitiert in dem, was wir tun können. Es spielt keine Rolle, wie viele Kontakte wir haben, wir können nur eine bestimmte Menge Menschen erreichen. Wir können nur eine bestimmte Menge an prophetischen Worten weitergeben und können nur in beschränktem Mass Richtungsweisung geben.

Wenn wir aber anderen lehren können, wie sie die Werkzeuge, die sie haben, gebrauchen können und wenn wir ihnen lehren, wie sie reifer werden und sich erheben können, damit sie wiederum andere lehren können, dann haben wir auf diese Art und Weise eine grössere Auswirkung auf den Leib Christi. Wir werden uns kontinuierlich verdoppeln. Auf diese Art und Weise werden wir den Leib Christi an einen Ort der Reife bringen!

Was kocht also in deiner Küche? Was servierst du? Vielleicht hast du sogar ein paar gute Werkzeuge und vielleicht auch nicht. Was erreichst du am Ende des Tages wirklich in deiner prophetischen Berufung?

Du bist der/die Einzige, der dies beurteilen kann!

Kapitel 04

Die Angesicht-zu-Angesicht-Beziehung mit Jesus

KAPITEL 04 – DIE ANGESICHT-ZU-ANGESICHT-BEZIEHUNG MIT JESUS

EINLEITUNG - ES BEGINNT ALLES MIT EINER BEZIEHUNG

Da mein Ehemann vom Temperament her „amiable" (freundlich und liebenswürdig) ist, kennt er jeden und jeder kennt ihn. Ich erinnere mich noch gut daran, als wir uns die ersten Male verabredeten. Es spielte keine Rolle, in welchen Teil der Stadt wir gingen, es war beinahe normal, dass wir jemanden trafen, den er kannte.

Sie sagten: „Hey Craig! Wie geht es dir?"

Ich stand neben ihm und fühlte mich unwohl und unsicher und wusste nicht, wie ich mit dieser Situation als seine „neue Freundin" umgehen sollte.

Und so stellte er mich meistens den anderen vor. Manchmal aber auch nicht. Dies war für gewöhnlich dann der Fall, wenn er den Namen der Person vergessen hatte und zu verlegen war, um das Gespräch fortzusetzen.

Über die Jahre hat sich dies nicht sehr verändert. Wir können immer noch irgendwo in der Stadt hingehen und es wird Menschen geben, die ihn erkennen und er erkennt sie. Wir gehen tanken und der Bedienstete dort hat plötzlich ein grosses Lachen auf dem Gesicht, weil er ihn wiedersieht.

Der Sicherheitsbeamte des Ladens im Ort unternimmt eine besondere Anstrengung, um ihm ein zahnloses Lächeln zu schenken und hallo zu sagen, wenn er uns vorbeifahren sieht.

Wenn du also irgendjemanden gerne treffen würdest, besteht die Chance, dass Craig dies organisieren kann, wenn du ihn darum bittest. Er kennt sie auf irgendeine Art und Weise von irgendwoher und sie haben eine Beziehung.

Wenn ich dies so anschaue, ist dies das perfekte Bild für das, was der Prophet im Leib Christi zu tun bestimmt ist. Bis jetzt haben wir viel davon gesprochen, was der Prophet macht.

Lass mich dir nun also diese eine Frage stellen: Was ist die wichtigste Sache, die du in deinem Training erreichen musst, um dich selbst Prophet zu nennen?

Die Antwort ist eine Angesicht-zu-Angesicht-Beziehung mit Jesus. Siehst du, wenn du eine Angesicht-zu-Angesicht-Beziehung mit Jesus hast und Er jemand ist, denn du gut kennst, dann kannst du dein Mandat als Prophet erfüllen. Ein wichtiger Teil dieses Mandates ist es, Ihn dem Leib Christi vorzustellen.

ES IST ZEIT, ERWACHSEN ZU WERDEN!

Wir haben die Reife des Propheten und was es braucht, um den Leib Christi zur Reife zu bringen, bereits ein wenig angeschaut. Wir haben gesehen, wie der Herr der

Gemeinde den fünffachen Dienst gegeben hat, um die Heiligen auszurüsten.

Lass uns nun ein bisschen tiefer gehen und anschauen, was es wirklich bedeutet, die Heiligen auszurüsten und zur Reife zu bringen. Bedeutet es, dass alle fasten und beten müssen? Ich denke nicht.

Nun, wie kannst du denn dein Mandat als Prophet erfüllen, wenn du nicht einmal wirklich weisst, was es bedeutet, die Heiligen auszurüsten?

Lass es mich für dich einfach machen. Die Antwort darauf findet sich in einer bekannten und kraftvollen Bibelstelle. Nimm sie zur Kenntnis und lerne sie auswendig. Es ist eine meiner Lieblingsbibelstellen.

> *1. Korinther 13,10 Wenn aber das Vollkommene kommt, wird das, was stückweise ist, weggetan werden.*
> *11 Als ich ein Kind war, redete ich wie ein Kind, dachte wie ein Kind, urteilte wie ein Kind; als ich ein Mann wurde, tat ich weg, was kindlich war.*
> *12 Denn wir sehen jetzt mittels eines Spiegels undeutlich, dann aber von Angesicht zu Angesicht. Jetzt erkenne ich stückweise, dann aber werde ich erkennen, wie auch ich erkannt worden bin.*

Apostel Paulus geht noch weiter, indem er sagt, dass es Visionen und alle Geistesgaben geben wird. Aber nach all dem sagt er: „Lass mich dir einen höheren Weg zeigen. Es gibt einen besseren und grösseren Weg! Es gibt etwas, das herrlicher ist und das ist die Kraft der Liebe!"

Wenn du diese Angesicht-zu-Angesicht-Beziehung mit Jesus hast und du in diesen Lauf der Liebe mit Ihm kommst, dann verschwinden die Visionen, die Prophezeiungen gehen weg und du kommst in eine höhere Dimension hinein.

„Du meinst, dass du mir sagen willst, dass prophetische Worte zu geben nicht der Anfang und das Ende des prophetischen Dienstes sind?!"

„Oh Mensch! Wie werde ich überleben? Wie kann ich mich selbst einen Propheten nennen?"

Gehe es gemütlich an. Fahre herunter und atme tief ein ... ich bin hier, um dir einen noch spannenderen Weg zu zeigen.

DU BIST KEIN MICHAEL JACKSON

Hast du nach dieser höheren Ebene der Geistlichkeit Ausschau gehalten? Genau da wirst du es finden. Die Menschen denken, dass es bedeutet, wenn sie geistlicher werden wollen, dass sie mehr im Wort lesen, mehr in Zungen sprechen und mehr fasten müssen.

Lass mich diese Seifenblase schnell für dich zum Platzen bringen, damit wir fortfahren können. Dies ist nicht der Weg, wie du den Herrn beeindruckst.

In Mexiko ist es nicht ungewöhnlich, dass du einen Schauspieler bei der Ampel stehen siehst, der versucht, deine Aufmerksamkeit zu gewinnen mit der Hoffnung, dass du etwas in seine Spendenbüchse werfen wirst. Das Beste, was ich jemals gesehen habe, war ein 60 Jahre alter Mann, der eine perfekte Nachahmung von den Tanzbewegungen von Michael Jacksons Song „Thriller" darstellte.

Er machte Michael Jacksons „Moonwalk". Der gekippte Hut war das Tüpfelchen auf dem i zusammen mit dem coolen weissen Anzug und den Handschuhen. Junge, konnte er seinen Hintern auf diesem Asphalt schwingen. Selbst wenn er nicht mehr alle Zähne hatte, grinste sein Gesicht mit den von der Sonne entstandenen herben Falten ununterbrochen, was seinen Charme nur noch verstärkte.

Du konntest ihm 100 Punkte fürs Versuchen geben! Aber es spielte keine Rolle, wie sehr er über diese Kreuzung glitt, er würde nie Michael Jackson sein. Keine Anstrengung und keine noch so grosse Bemühung würden dies für ihn geschehen lassen.

Wie oft denken wir jedoch, dass wir, um für den Herrn etwas zu sein, eine gute Show zeigen müssen? Es gibt einen besseren Weg, um die Aufmerksamkeit des Herrn zu gewinnen, als all die Bewegungen zu machen, von denen wir denken, dass sie Ihn beeindrucken werden.

Wenn du in eine höhere geistliche Ebene hineinkommen willst, wenn du ein geistlicher Riese werden willst, liegt das Geheimnis im 1. Korinther 13. Ich will, dass du hingehst, dieses Kapitel liest und es in deinen Geist hineinsinken lässt, bis dich das Rhema-Wort Gottes erleuchtet und durchrüttelt.

Du willst diese geistliche Reife? Willst du der mächtige Krieger werden, der du jetzt noch nicht bist?

Du wirst es in einer Angesicht-zu-Angesicht-Beziehung mit Jesus bekommen. Du wirst zu diesem Krieger werden, wenn du an den Punkt kommst, an dem du dich kennst, so wie du erkannt worden bist - in anderen Worten, wenn du Ihn so kennst, wie Er dich kennt.

Wenn du an diesen Punkt kommst, dann ist Er für dich realer als irgendjemand sonst auf dieser Welt ... dann wirst du diesen höheren Level erreicht haben.

ES IST WIRKLICH EINFACH

Es beginnt mit einer einfachen Freundschaft. Es ist so wie in der Illustration, die ich am Anfang von meinem Ehemann Craig geteilt habe. Er war einfach so offen dafür, Freundschaften mit anderen Leuten zu haben. Das ist genau der Punkt, an dem alles beginnt.

Ich weiss nicht, welche Art von Freunde du hast, aber die Freunde, die ich habe, sind solche, mit denen man Spass haben kann!

Sie sind diejenigen, mit denen ich mein Herz teilen und die ich überall hin mitnehmen kann! Nun, dies sind ein paar wahre Freunde. Diese sind es, mit denen du die tiefste Bindung entwickelst.

Wenn du für einen Freund etwas darstellen musst, wenn du Dinge tun musst, um sie zu beeindrucken, dann tut es mir leid, dies sagen zu müssen, aber das sind nicht wahre Freunde.

DER HERR JESUS - DEIN ALLERBESTER FREUND!

Der Herr Jesus ist einer der besten Freunde, die du jemals auf dieser Welt haben kannst. Du musst Ihm nichts vorspielen, um Ihn dazu zu bringen, mit dir zusammen sein und mit dir eine Beziehung haben zu wollen. Wenn du es also durchs prophetische Training hindurchschaffen willst, ist dies dein Ausgangspunkt.

Sicher, die Gaben sind auch dort, aber betrachte dies als deine Dating-Phase. Wie du prophezeist, dein Urim und Thummim gebrauchst, journalst, ... all diese Dinge helfen dir, vertrauter mit dem Herrn zu werden, aber alle Gaben der Welt sind nicht genug.

Es macht mich so traurig zu sehen, dass so viele Propheten genau dort stoppen. Sie sagen: „Oh, ich kann prophezeien! Ich kann Träume und Visionen haben!"

Du tanzt noch keinen Moonwalk! Du hast erst gerade angefangen. Es gibt eine ganz neue Dimension, in die du bald hineinkommen wirst.

In den Geistesgaben zu fliessen ist grossartig, aber es ist erst der Ausgangspunkt. Es ist nur wie eine Verabredung, es sind noch nicht einmal gute Flitterwochen ...

Die Angesicht-zu-Angesicht-Beziehung ...

Der wahre Kern deines prophetischen Dienstes liegt in der Angesicht-zu-Angesicht-Beziehung mit Jesus! Von dort aus kannst du von Höhe zu Höhe, von Reife zu Reife gehen.

Wenn du dann an diesem Ort bist und erst wenn du dort bist, bist du bereit, dein Mandat als Prophet in der weltweiten Gemeinde zu erfüllen. Du kannst herumgehen und über jedem prophezeien und ihnen grossartige Offenbarungen weitergeben, aber du erfüllst dein Mandat nicht.

Dein Mandat als Prophet ist es, die Braut ihrem Bräutigam vorzustellen. Wenn du den Bräutigam nicht kennst, dann wirst du ernsthafte Schwierigkeiten haben, Ihn vorzustellen.

ERINNERE DICH: „WIE IST SEIN NAME?"

Wenn Craig und ich jemandem trafen, an dessen Name er sich nicht erinnern konnte, dann konnte er uns einander nicht vorstellen, nicht wahr? Nein, stattdessen liess er seine Freundin dort stehen mit einem festgesetzten schmerzenden Lächeln auf dem Gesicht und einem Blick in den Augen, der sagte: „Du hast mir dies NICHT schon wieder angetan!"

Wie viele Propheten sehen wir heute im Leib Christi, die die Braut ihrem Bräutigam nicht vorstellen können?!

Sie können nicht einmal Gottes Stimme für sich selbst hören. Sie müssen einen anderen Propheten finden, der über ihnen prophezeit.

Wenn du dein Training vollenden und wirklich die Dinge tun willst, die Gott dich zu tun berufen hat, dann ist es Zeit, die kindlichen Dinge zur Seite zu legen und deine Denkweise zu verändern - es ist Zeit, den Leib Christi zur Reife zu bringen!

Darum ist es Zeit, dass du für dich selbst an diesen Punkt der Reife kommst! Nur wenn jeder Gläubige selber in eine Beziehung mit Jesus kommt, nur dann werden wir wahre Veränderung in der Gemeinde sehen. Dann, wenn jeder einzelne Gläubige Gottes Stimme für sich selbst hören kann und nicht auf die Propheten angewiesen ist. Es ist deine Aufgabe als Prophet, dies Wirklichkeit werden zu lassen!

HALLO PROPHET! ES IST GENIAL, DICH ZU SEHEN!

Wenn du dies tust, dann bist du ein Prophet! Werden dich die Menschen in Erinnerung behalten wegen den Dingen, die du in ihrem Leben für sie getan hast oder wegen den grossartigen prophetischen Worten, die du ihnen gegeben hast?

Wenn du einen Ort verlässt, was lässt du zurück, an dem sich die Menschen festhalten können? Nur ein paar Worte vom Herrn oder hast du ihnen den Herrn Jesus selbst in ihre Mitte gegeben?

Wie kommen die Propheten an einen Punkt, an dem sie etwas beurteilen können? Apostel Paulus sagt, dass die Propheten den Propheten unterstellt sind. Wie kommst du also an diesen Punkt?

Die Angesicht-zu-Angesicht-Beziehung ...

„Du musst das Wort Gottes kennen", sagst du. Ja, natürlich. Dies ist ein grossartiger Startpunkt. Es ist dein Fundament und ich lehre viel darüber in unserer Prophetenschule. Du musst Seine Stimme aber durch das Wort und durch den Geist hören können.

„HM, ER SAGTE DIES, NICHT WAHR?"

Es gibt einen Weg, wie ich dies in meiner Ehe perfektioniert habe. Ich habe Kinder ... ich bin sicher, du kennst das gut. Kinder sind überall auf der Welt gleich. Sie kommen zu mir und sagen: „Hey Mami - Papi sagte dieses und jenes."

Ich kenne meinen Ehemann gut und darum sage ich: „Hat er das wirklich gesagt?"

Sie antworten: „Ja, Papa hat gesagt, dass dies okay ist. Er sagte, dass wir nun spielen gehen können. Es sagte, dass wir unsere Hausarbeiten nicht fertigmachen müssen."

Ich sitze da und denke, dass dies wirklich nicht nach meinem Ehemann tönt!

Also wende ich mich an ihn und sage: „Hey Craig, hast du den Kindern gesagt, dass sie genau jetzt gehen und spielen können?"

Und er sagt: „Nein, das habe ich nicht gesagt!"

Du weisst, wie Kinder sind. Sie versuchen es mehr als einmal. Siehst du - ich kenne meinen Ehemann. Ich kenne seine Stimme und ich weiss, wie er denkt. Ich weiss, welche Entscheidungen er treffen wird und darum kann niemand zu mir kommen und sagen: „Craig sagt dieses und jenes!" Ich werde augenblicklich wissen, ob sie nur Unsinn erzählen oder nicht.

Nun, hast du diese Art von Beziehung mit dem Herrn Jesus, so dass ein Prophet aufstehen und sagen kann: „Dies sagt der Herr ..." und du, weil du den Herrn kennst, weisst, dass Er nicht so klingt?

In vielen unserer prophetischen Kurse bitten wir unsere Studenten, ihre Journals als ein Teil ihres praktischen Projektes einzureichen. Wenn wir diese Journals anschauen, können wir normalerweise durch sie hindurchgehen und klar die Teile herausstreichen, die von Gott sind, und jene, die es nicht sind.

Du fragst dich, wie wir uns da so sicher sein können. Es ist darum so, weil wir Seine Stimme kennen. Wir hören Seine Stimme die ganze Zeit. Ich weiss, wie Er klingt. Ich habe eine Beziehung mit Ihm. Wenn du mit jemandem eine Beziehung hast und vertraut mit ihm/ihr bist, weisst du, was sie denken und was sie sagen werden.

DER SCHÜSSEL DAZU, ANDERE PROPHETEN ZU BEURTEILEN

Verbinde das mit deinem Wissen des Wortes Gottes und du hast solch ein gutes Fundament, das dich befähigt, andere Propheten zu beurteilen. Es gibt dir die Weisheit und das geistliche Urteilsvermögen, um fähig zu sein, zu sehen, was von Gott ist und was nicht.

Die Angesicht-zu-Angesicht-Beziehung ...

Willst du Verführung verstehen und sie vermeiden? Wenn du fähig sein willst, zu identifizieren, was in deinem Leben von Gott ist und was nicht, dann ist genau das hier der Schlüssel!

In eine Angesicht-zu-Angesicht-Beziehung mit dem Herrn Jesus zu kommen, ist wie der Schlüssel, der die Türe zu deinem ganzen prophetischen Lauf öffnet! Genau hier erreichst du einen neuen Level der Geistlichkeit. Du brichst durch das Plateau hindurch.

Du gehst weit über das hinaus, was du bis jetzt gewusst und verstanden hast. Du gehst hier weit über Werke hinaus. Du wirst zu dem Level kommen, von dem du immer geträumt hast, den du aber nie wirklich erreicht hast.

Du hast versucht, um den Berg herumzugehen, den Berg hinauf- und hinunterzulaufen, aber eigentlich hast du den Schlüssel die ganze Zeit in deiner Hand gehalten. Alles, was du tun musst, ist, in eine Beziehung mit Jesus zu kommen. Dies ist ein wesentlicher Teil deines prophetischen Trainings! Ohne diese Phase wirst du das Ende nicht erreichen.

WIE STEHT ES NUN MIT DIESEN FLITTERWOCHEN?

Vielleicht fühlst du dich für eine Zeit so, als wärst du irgendwo im Nirgendwo. Nun, es gibt einen Grund dafür, warum Pärchen in die Flitterwochen gehen: Damit sie alleine sein können und das ist genau das, was du mit dem Herrn brauchst.

Wenn du an diesen Punkt kommst, an dem du Ihn kennst, wird alles natürlicher werden. Es wäre ziemlich genau so, wie wenn mein Ehemann und ich die Strasse entlanggehen und wir dann jemanden treffen, den ich seit einer Weile nicht gesehen habe und den er noch nie getroffen hat. Ich sage: „Hey Liebling, dies ist ein alter Bekannter von mir ..."

Ich sage zu meinem Bekannten „Und das ist mein Ehemann Craig!"

Ist das schwierig? Wenn ich in meinen Ehemann verliebt bin, dann ist es so einfach für mich, zu scheinen und meine Liebe nach aussen auszudrücken, so dass alle Menschen es sehen können. Sie schauen uns an und sagen: „Wow, ich wünschte mir, dass ich eine solche Beziehung haben könnte, wie ihr sie habt."

Nun, stelle dir vor, dass du eine solche Beziehung mit dem Herrn hast. Ihr seid am Spazieren und ihr trefft einen alten Bekannten von dir. Es spielt keine Rolle, ob es ein Gläubiger ist oder nicht. Du triffst sie oder ihn und sagst: „Hey, hast du meinen Freund Jesus schon kennengelernt?"

Du bist so leidenschaftlich in Ihn verliebt und Er ist so real für dich, dass es wirklich kein Problem ist. Er ist so ein wichtiger Teil deines Lebens, dass sie nicht anders können, als die Begeisterung und Freude in dir zu sehen. Weisst du, das ist das Evangelium. Das ist die gute Nachricht! Es ist das, was sie brauchen und wonach sie hungern.

Die Angesicht-zu-Angesicht-Beziehung ...

WERDE EIN BEISPIEL, DAMIT VERÄNDERUNG KOMMEN KANN

Du magst sagen: „Nun, ich weiss nicht, was mit der Gemeinde falsch ist. Sie sind einfach glücklich und geben sich mit dem Zweitbesten zufrieden. Sie sitzen einfach in der Kirche und es ist so tot. Es gibt keine Salbung, es gibt überhaupt nichts ... und sie sind einfach glücklich, dazusitzen und sind zufrieden damit."

Nun, dies ist so, weil das alles ist, was sie kennen und sehen.

Sage mir also, was zeigst du ihnen, das anders ist? Zuerst musst du sie aus ihrer selbstzufriedenen Gleichgültigkeit herausschütteln und wenn du sie dann daraus herausgeschüttelt hast, kannst du ihnen den Weg zeigen.

Wenn du diese Leidenschaft und diese Beziehung aber nicht in deinem eigenen Leben hast, was kannst du ihnen dann überhaupt zeigen? Kannst du ihnen vielleicht eine weitere Menge an Prinzipien, Regeln und Bestimmungen weitergeben?

Was hast du in deinem Leben, das real ist und das aus dir herausfliesst? Wenn sie dich treffen, sollte deine Leidenschaft für den Herrn hervorsprudeln und sie sollte so greifbar sein, dass sie dich anschauen und das wollen, was du hast! Sie müssen dich sehen und genau eine solche Beziehung mit dem Herrn haben wollen.

Sie werden sagen: „Ich wusste nie, dass es mehr gibt. Ich dachte, dass dies alles ist!" Sie sind zufrieden mit dem, was sie haben, weil sie dachten, dass dies alles ist, was es im Leben gibt.

Du musst ihnen zeigen, dass es im Leben mehr gibt! Du wirst ihnen dies zeigen, indem du zuerst ein grossartigeres Leben lebst!

Dies bedeutet, dass du selbst zuerst durch ein paar Veränderungen hindurchgehen musst. Es bedeutet, fähig zu sein, „dich" selbst loszulassen und den Mut zu haben, auf Jesus zu zeigen.

Konzentriere dich nicht die ganze Zeit auf dich und sorge dich nicht die ganze Zeit um „deine" Gaben und „deine" prophetische Berufung.

Wenn jemand die ganze Zeit fragt: „Hast du mein neues Haus und mein neues Auto gesehen?"

„Wen kümmert es? Ok, nun, du hast das glänzendste Auto in der Stadt. Ich habe es bereits gesehen. Was nun? Was nützt mir dies?"

„Nun, gib mir solch ein Auto ... dann haben wir etwas, worüber wir reden können!"

Ehrlich gesagt kümmert es niemanden, was für grossartige Gaben und Fähigkeiten du hast. Sie mögen dich verehren und denken, dass du grossartig bist, aber es kümmert sie wirklich nicht. Sie sind mehr daran interessiert, wie der Herr sie segnen will.

Die Angesicht-zu-Angesicht-Beziehung ...

GIB MIR, WAS DU HAST! BITTE!

Zeige ihnen also Jesus. Zeige ihnen deine Leidenschaft für Ihn und dass es im Leben mehr gibt. Sie werden beginnen, sich darum zu kümmern! Sie werden hungrig werden. Sie werden beginnen, es zu wollen und dich darum bitten. Sie werden dich tatsächlich darum anflehen.

Wenn dies geschieht, bist du auf gutem Weg dazu, Reife in den Leib Christi zu bringen.

Womit gibst du an? Gibst du damit an, wie viele Male du prophezeien kannst, wie viele Visionen du bekommst und wie oft du betest und im Wort liest?

Oder ist es so, dass du einfach mit dem Glanz scheinst, den ein frisch verheiratetes Ehepaar hat? Strahlst du so stark mit der Liebe, die du für den Herrn fühlst, dass sie dich anschauen und sagen:

„Oh ja! Ich erinnere mich an diese erste Liebe ... wie bekomme ich sie wieder?"

Wenn die Menschen dies zu sagen beginnen, dann tust du etwas, um den Leib Christi auszurüsten.

WAS STEHT ZWISCHEN DIR UND DER INTIMITÄT

Ich verstehe, dass es nicht immer einfach ist. Dinge stehen im Weg. Ich weiss, dass viel deines grossartigen Geredes nur dazu da ist, um etwas zu verbergen, das in dir drin ist.

Du weisst aber, dass es nun Zeit ist, dies anzuschauen. Es ist Zeit, dich selbst ehrlich zu fragen, warum du noch nicht in dieser Art von Beziehung mit dem Herrn wandelst. Es ist Zeit, in den Spiegel zu schauen und zu beschliessen, dich zu verändern!

1. DIE SCHLECHTE VATERBEZIEHUNG

Eines der Hauptdinge, die zwischen dir und dieser Türe stehen kann, ist eine schlechte Beziehung zu deinem Vater. Wenn du einen Vater hattest, der diese Liebe nicht hatte, dann ist es schwierig, sich Gott dem Vater zu nähern und in diese zärtliche Beziehung mit Ihm zu kommen.

Darum ist es wichtig für dich, dich dem Herrn Jesus zu nähern, denn Er war beides, Gott und Mensch. Es ist einfach, sich Ihm zu nähern und Er ist für dich da.

Von deiner Seite her bedeutet dies, die Herausforderung anzunehmen und tatsächlich diese Schleier zu konfrontieren, die zwischen dich und den Herrn gekommen sind. Es ist nicht mehr gut genug, einfach so zu tun, als ob sie nicht da wären.

Etwas, das mich wirklich frustriert, sind Menschen, die eine ganze Doktrin aus ihrer persönlichen Erfahrung machen.

„Gott heilt heutzutage nicht."

Weisst du, warum die meisten Menschen, die dies lehren, dies sagen? Weil sie Gott für Heilung glaubten, aber es nicht bekommen haben! Darum also: „Gott heilt heutzutage nicht."

Ihre Doktrin basiert auf Erfahrung und so muss sie jeder glauben. Sie sagen: „Ah, weisst du, diese Beziehung ist nicht für mich. Ich kann nicht in sie hineinkommen."

Nun, vielleicht ist es einfach darum so, weil zu viele Dinge im Weg stehen, die du nicht bereit bist, anzuschauen.

Du bist nicht bereit, deine schlechte Beziehung zu deinem Vater und die Verletzungen der Vergangenheit anzuschauen. Du bist nicht bereit, deine Bitterkeit und deine Ängste und dein Versagen anzuschauen.

Dies sind Dinge, die im Weg stehen, aber eigentlich ist es so einfach, sie anzugehen und sie zu überwinden. Sie sehen wie solch grosse Berge vor dir aus, aber wenn du dir nur die Zeit nehmen würdest, sie anzuschauen, wärst du erstaunt, wie schnell du mit ihnen fertigwerden kannst.

2. FALSCHE LEHRE

Auch falsche Lehre kann deinen Weg zum Herrn blockieren. So viele Prediger präsentieren den Vater als diesen grossen, strengen, furchterregenden Gott, der jederzeit dazu bereit ist, dich zu verurteilen und dich auszulöschen.

Wenn du mit viel gesetzlicher Lehre aufgewachsen bist, wird es dir wirklich schwer fallen zu versuchen, in die

Gegenwart des Herrn zu kommen und zu versuchen, diese zarte, liebende Beziehung mit Ihm aufzubauen.

Wenn das einzige Bild, das du vom Herrn hast, dieses furchteinflössende, grosse Bild ist, dann ist es schwierig, in diese Beziehung hineinzukommen! Es ist nicht so einfach und du wirst dies überwinden müssen.

3. Arbeiten statt auszuruhen

Einige Leute überbewerten die Gaben als etwas der Liebesbeziehung mit Jesus Entgegengesetztes.

Die Propheten, die damit Mühe haben, haben ein Problem, transparent zu sein und ihre Herzen zu öffnen.

Sie arbeiten ununterbrochen, um die Tatsache zu überdecken, dass sie diese zärtliche Beziehung mit dem Herrn nicht haben. Sie können nicht einfach in Seiner Gegenwart sitzen, in Seiner Salbung baden und einfach mit Ihm zusammen sein. Als Resultat davon, versuchen sie es mit all diesen guten Werken und Gaben zu überdecken.

Sie sind wie unser Möchte-gern-Michael-Jackson, der versucht, die Aufmerksamkeit zu bekommen, nach der er sich sehnt, der aber nicht realisiert, dass Gott ihm alles, was er braucht, im Frieden Seiner Gegenwart geben wird. Es ist nur in der Stille - in der Ruhe des Sturmes, in der du die Kraft findest, nach der du suchst.

Die Beziehung findet sich nicht an der Ampel - sie findet sich am geheimen Ort. Das Beste am geheimen Ort ist nicht, dass du den Liebhaber deiner Seele beeindrucken musst - sondern dass du in Seinen Armen ruhen kannst.

REIFE ERREICHT: IM GEIST WISSEN

Wenn du an den Punkt kommst, an dem du den Herrn auf diese intime Art und Weise kennst, wirst du es im Geist wissen. Du musst dich nicht hinsetzen und die ganze Zeit Offenbarung erhalten.

Stelle dir vor, dass ich und mein Ehemann die Strasse entlanggehen. Ich sage ihm, um welche Zeit ich zuhause sein muss und ich frage ihn, was er denkt, was wir zuerst tun sollen. Dann sagt er: „Ich denke, wir sollten zuerst hierhin gehen und dann können wir dorthin gehen und dann wieder nach Hause fahren."

Er gibt mir einfache Anleitungen und es ist das Gleiche mit dem Herrn. Vielleicht stehst du vor einer Entscheidung, die du unbedingt treffen musst und so kommst du einfach zu Ihm und fragst Ihn. Dann wirst du Ihn in deinem Geist sagen hören: „Lass uns dorthin gehen. Lass uns dies tun und dann jenes!"

Du wirst dich nicht hinsetzen und versuchen müssen, Offenbarung zu erhalten. Du wirst es im Geist einfach wissen.

Du triffst vielleicht jemanden und du wirst fühlen, wie der Herr sagt: „Hey, ich möchte, dass du dieser Person dienst. Ich möchte, dass du Folgendes sagst ..."

Es ist keine grosse Sache und es gibt keine Blinksignale! Es ist einfach und du weisst es in deinem Geist. Du erhältst das Wort der Erkenntnis und wirst den Herrn genau dort spüren. Es wird einfach aus dir heraussprudeln.

Nun, dies ist etwas, worauf du dich als Prophet freuen kannst. Wenn du noch nicht dort bist, dann ist das okay. Ich werde dir diesen Druck nicht auferlegen. Du musst dich durch die Gaben hindurcharbeiten. Du musst mehr in Visionen und im Urim und Thummim fliessen (Ich lehre mehr darüber im Buch *Praktischer Prophetischer Dienst*). Gott wird immer weiterfahren, dich mit den Gaben zu gebrauchen.

Er wird fortfahren, dich darin zu gebrauchen, aber der Punkt ist, dass es mehr gibt! Es gibt einen grossartigeren Weg der Reife und es ist der spannendste Weg, den du dir als Prophet vorstellen kannst!

Abschliessend wisse, dass alles losgehen wird wie noch nie zuvor, wenn du dich beim Herrn nach dieser Beziehung ausstreckst! Du wirst so begeistert über das Leben sein, das du im Herrn findest, dass du dich erheben und es mit der ganzen Gemeinde teilen wirst!

KAPITEL 05

WILLKOMMEN ZU DEINER HOCHZEIT

Kapitel 05 – Willkommen zu deiner Hochzeit

Hauptproben sind trotz allem keine so schlechte Idee

Ich dachte immer, dass Hauptproben für Hochzeiten etwas wirklich Dummes sind. Was ist so schwierig daran, vor den Altar zu treten? Du gehst diesen Gang hinunter, trittst vor den Altar, sagst: „Ich will" und lebst glücklich und zufrieden bis an dein Lebensende ... nicht wahr?

Nun, dies dachte ich, bis ich an der Reihe war, vor den Altar zu treten. Ich fand heraus, dass der Gang der Braut zum Altar und all die Hochzeitsvorbereitungen zu organisieren nicht so einfach waren, wie dies in den Filmen aussah.

Ich war sehr dankbar für die Hochzeitshauptprobe, die mir half, als dies zusammenzubringen. Es sah einfach so natürlich aus, so wie sie es im Fernsehen machten.

Dies ist so lange so, bis du diejenige mit dem weissen Kleid bist, die versucht, nicht über die eigenen Absatzschuhe zu stolpern, die du extra für diesen besonderen Anlass gekauft hast, aber die du wirklich vor diesem „grossen Tag" hättest eintragen sollen, so dass du dich nicht beinahe umgebracht hättest, als du nach vorne wackeltest.

Ich lernte, dass der Schlüssel beim Gang der Braut zum Altar war, nicht diesen Gang hinunterzurennen, wozu ich wahrscheinlich tendierte hätte. Dieser kleine Tipp rettete mir das Genick und die Gemütsruhe derjenigen, an denen ich vorbeischritt.

Am besten solltest du es folgendermassen machen: Du gehst alles schön langsam an, machst einen Schritt nach dem anderen - und gibst allen die Möglichkeit, dein Kleid zu bestaunen, während du lieblich lächelst. Es ist ebenfalls wichtig, deine Hand ruhig zu halten, damit du das arme Bouquet nicht aus seiner Umhüllung herausschüttelst, weil du so nervös bist. All dies braucht ein bisschen Übung.

Genauso wie du als Braut diesen wichtigen Gang zum Altar lernen musst, musst du im prophetischen Reich lernen, wie du an diesen geheimen Ort mit dem Herrn kommst. Im letzten Kapitel habe ich dich herausgefordert, in diese Angesicht-zu-Angesicht-Beziehung mit Jesus zu kommen. Es klingt so grossartig und einfach, aber was musst du wirklich tun, um in diese Beziehung hineinzukommen?

ES BRAUCHT EIN BISSCHEN ÜBUNG

Wie kommen wir von diesem Ende des Ganges bis zum Altar und machen dies zu einer gelungenen Sache? Es braucht ein bisschen Übung. Genau darum liest du dies, damit ich dir zeigen kann, wie du den Gang hinunterschreiten und was du sagen kannst, wenn du dort ankommst.

Wenn du dich dem also nicht so gewachsen fühlst, wenn du dich so fühlst, als ob du nicht weisst, was du als

Nächstes tun sollst, dann ist dies vollkommen in Ordnung. Du beginnst nicht mit dem Wissen. Weisst du, ein Baby wird nicht geboren und weiss sofort, wie man den Gang zum Altar hinunterschreitet.

Du beginnst nicht einfach und weisst bereits, wie man eine Beziehung mit dem Herrn hat. Es braucht ein bisschen Zeit. Darum musst du das Wort ein wenig studieren und einen prophetischen Mentor zu haben, hilft ganz bestimmt.

Wenn du es nicht natürlich erreichst, bist du nicht anormal. Ich habe es auch nicht so erhalten. Ich wusste nicht, dass man ganz natürlich in eine Beziehung mit dem Herrn kommen kann.

Der Hauptgrund, warum es nicht natürlich ist, ist wegen all der Blockaden, die wir im Leben haben.

Für meine Kinder andererseits ist es natürlich, weil sie nie etwas Anderes gekannt haben. Sie sind vom ersten Tag an im Wissen des Herrn aufgewachsen.

Wenn du aber nicht in einem christlichen Zuhause aufgewachsen bist und du den Herrn von Anfang an gekannt hast, dann ist es nicht natürlich.

Abhängig von dem, was deine Eltern dir gelehrt haben, besteht die Möglichkeit, dass es nicht natürlich für dich ist, zu wissen, wie du in eine Beziehung mit dem Herrn Jesus kommst, auch wenn du in der Gemeinde aufgewachsen bist.

Willkommen zu deiner Hochzeit

Genauso wie es nicht natürlich ist, zu wissen, was du in der Hochzeitsnacht oder während der Hochzeitszeremonie machen musst, ist es nicht natürlich, zu wissen, was du tun musst, wenn du in eine intime Beziehung mit dem Herrn kommen willst.

Darum haben wir Eltern, Mentoren und geistliche Eltern. Wenn du jetzt gerade an einem Punkt bist, an dem du weisst, dass du in eine Beziehung mit dem Herrn kommen musst, aber dich so fühlst, als würdest du feststecken, dann sei nicht gestresst.

Genau das werden wir in diesem Kapitel anschauen. Ich werde dir einige sehr einfache Tipps geben, wie du diese ersten Schritte in diesem Gang Richtung Altar machen kannst, wo dein himmlischer Ehemann sehnlichst auf dich wartet, damit Er diese Beziehung mit dir eingehen kann.

EINE ZEIT DER ABSONDERUNG WARTET AUF DICH

Das Erste, was du erkennen musst, ist, dass du in eine Zeit der Absonderung gerufen werden wirst. Du kannst nicht in einer lauten Umgebung eine Beziehung entwickeln. Selbst als frischverheiratetes Ehepaar müsst ihr für einige Zeit weggehen, um etwas Zeit zu haben, um einander kennenzulernen.

Es ist eine Sache, wenn ihr euch verabredet. Ihr besucht gegenseitig eure Zuhause, ihr geht zusammen aus, ihr geht zusammen an gesellschaftliche Anlässe und an Gemeindetreffen und es scheint so, als ob ihr beieinander wohnt.

Wenn ihr nur ein bisschen wie ich und Craig seid, dann seid ihr zusammen, bis die Vögel zu singen beginnen, bevor ihr euch voneinander trennt - nur damit ihr am nächsten Tag wieder zusammen sein könnt. Du denkst für dich, dass du mit dieser Person für immer zusammenleben könntest ...

Dies ist so, bis ihr heiratet und zusammen in das erste gemeinsame Zuhause einzieht. Dann erkennst du: „Ich kannte diese Person, aber da gibt es ein paar Dinge, die ich wirklich nicht über sie wusste."

Erst wenn ihr dieses erste Jahr des Ehelebens hinter euch habt und ihr zum ersten Mal Tag ein Tag aus, ohne jemand anderes, zusammen seid, erst dann könnt ihr wirklich sagen, dass ihr einander kennt. Ihr werdet einander auf einem ganz neuen Level erleben.

Nun, es ist das Gleiche mit dem Herrn. Du lerntest Ihn in deinen Gebetszeiten, in deinen Gemeindetreffen und in Zeiten der Fürbitte kennen. Dies war ein grossartiger Anfang. Sicher, du lerntest Ihn durch all dies kennen, aber nun ist es Zeit, eine Zeit der Absonderung mit Ihm zu erleben.

Das erste Zeichen, dass du erwachsen wirst

Und so ist das Erste, wodurch dich der Herr in deinem Training hindurchführen wird, eine Zeit, in der Er dich von all dem Lärm absondern wird. Vielleicht wirst du keine Möglichkeit mehr haben zu dienen.

Wenn dir dies passiert ist und du plötzlich ohne Gemeinde, ohne Freunde und Familie dastehst, brich nicht in Panik aus, okay? Du bist an einem guten Ort. Der Herr zieht dich einfach zu sich selbst hin, damit nur du und Er alleine sind und damit du in diese intime Beziehung mit Ihm kommen kannst.

Weisst du, du kannst in einem Raum voller Leute nicht eine intime Beziehung mit jemandem entwickeln. Es ist einfach nicht dasselbe. Du kannst nicht wirklich intim und ernsthaft werden und dein Herz mit jemandem teilen, wenn tausend Leute um dich herum sind, die dir zuhören.

Es ist dasselbe im Dienst. Du kannst nicht in diese Intimität mit dem Herrn kommen, wenn du geschäftig herumrennst und für Ihn arbeitest, mit Menschen zu tun hast und viele Dinge tust.

Das ist wirklich der Preis, den du bezahlen werden musst. Viele Propheten haben Angst davor, weil sie die Geschäftigkeit mögen und sie es mögen, gebraucht zu werden.

Bis zu einem gewissen Mass ist dies normal, weil es in dir brennt. Aber du musst entscheiden, ob du wirklich in diese Beziehung mit dem Herrn kommen und den Lärm beiseitelegen willst oder ob du lieber der Anerkennung hinterherrennst und jeden denken lässt, dass du grossartig bist!

Wenn du auf diesen neuen Level kommen willst, von dem ich bereits gesprochen habe, dann bedeutet dies, dass du in Seine Stille und Seine Ruhe kommst. Es ist in Ordnung, wenn es plötzlich so scheint, als ob du alleine wärst. Es ist in Ordnung, wenn du nicht am Dienen bist, wie du es dir gewohnt warst.

Vielleicht fühltest du dich, als ob du am Höhepunkt von allem warst und die Dinge geschäftig waren, aber plötzlich starb alles und krachte zusammen. Du fragst dich, was geschehen ist ... Nun, du bist soeben in das Nest deines Liebhabers umgezogen.

Es ist Zeit, dass du nun den Herrn kennenlernst. Zuerst magst du ein bisschen um dich treten, schreien und eine grosse Sache daraus machen, aber ich verspreche dir, dass du am Ende auf diese Zeit zurückschauen wirst und sie so sehr vermissen wirst! Du wirst zurückschauen und sehen, wie sehr du gewachsen bist. Du wirst auf die Intimität zurückschauen, die du mit dem Herrn hattest und wie besonders Er für dich war und du wirst diese Zeit vermissen.

Darum ein Wort des Rates: Nutze diese Zeit aus, so sehr du kannst. Geniesse sie, so sehr du kannst. Geniesse den Frieden und die Stille, denn bald (früher als es dir lieb ist) wird es wieder laut und lärmig werden. Dann wirst du dich nach dieser stillen Zeit mit dem Herrn sehnen.

Du musst dich einfach selbst fragen: „Will ich, was Gott will oder will ich einfach nur die Anerkennung bekommen?" Denn es ist genau an diesem Punkt, an dem dein Bedürfnis nach Annahme und Anerkennung getestet werden wird.

Nun, ich sage nicht, dass irgendetwas an diesem Bedürfnis nach Annahme und Anerkennung falsch ist. Gott hat es in uns Menschen hineingelegt. Es ist das, was uns am Morgen aufstehen lässt. Aber der Schlüssel ist, diese Bedürfnisse im Herrn zu stillen und nicht in dem, was andere Menschen über dich sagen.

Wenn du an den Punkt kommst, an dem du diese Ruhe hast und dieses Bedürfnis in Ihm gestillt hast, dann spielt es keine Rolle mehr, was andere über dich sagen. Es spielt keine Rolle, ob sie deine Worte akzeptieren oder nicht. Du kannst die Dinge direkt sagen, du kannst sie mit Kraft sagen und du kannst sie mit Überzeugung sagen.

Es kümmert dich nicht, was die Menschen sagen, denn du weisst, dass du für Gott sprichst. Wenn du dir wünschst, an diesen Ort der Sicherheit zu kommen, dann beginnt dies an deinem geheimen Ort mit dem Herrn.

Kapitel 06

Sieben Schritte, um an den geheimen Ort zu kommen

Kapitel 06 – Sieben Schritte, um an den geheimen Ort zu kommen

So lass uns sieben rasche Schritte anschauen, wie du an diesen geheimen Ort mit dem Herrn kommen kannst.

Schritt 1 - Journaling

Wir haben dies bereits im Detail im Buch *Der Weg der Träume und Visionen* abgedeckt, daher werde ich hier nicht sehr ins Detail gehen.

Dies ist eine sehr gute Methode, um zu beginnen, dich an den Klang Seiner Stimme zu gewöhnen. Um dich daran zu gewöhnen, aus deinem Geist herauszufliessen. Wenn du dies tust, beginnst du mit dem Herrn vertraut zu werden.

Es ist genauso, wie wenn du beginnst, dich zu verabreden. Du beginnst, dich an Ihn zu gewöhnen, und lernst, wie Er tönt und wie Er nicht tönt. Journalen ist der beste Weg, um anzufangen in eine Beziehung mit Ihm hineinzuwachsen.

Wenn du dich ein bisschen trocken fühlst, sprich für eine kurye Weile in Zungen und dann journale. Dies wird dir helfen, in deinem Geist einen Fluss zu kreieren.

Schritt 2 - Praktiziere Seine Gegenwart

Dies ist definitiv einer meiner Lieblingswege, wie ich an den geheimen Ort komme. Es ist ein kraftvolles Projekt.

Seine Gegenwart zu praktizieren, ist einfach gesagt, dir, wenn möglich, 24 Stunden am Tag des Herrn bewusst zu sein. Es ist so, wie wenn du mit einem guten Freund oder deinem Ehepartner/deiner Ehepartnerin einkaufen gehst. Du schlenderst dahin und du siehst etwas in einem Schaufenster und sagst: „Oh wow, schau dir dies an. Ist das nicht interessant?"

Du sprichst die ganze Zeit mit dieser Person. Du bist dir die ganze Zeit bewusst, dass diese Person bei dir ist. Ich meine, niemand ist so unhöflich und konzentriert sich nur auf seine eigene Aufgabe und spricht nie mit der Person, mit der er/sie ausgeht.

Der Zweck des Zusammen-Ausgehens ist nicht, dass du dein eigenes Ding machen kannst und dein Freund/deine Freundin sein/ihr Ding macht. Nun ... ich hoffe sehr, dass du nicht so bist. Falls du es wärst, möchte ich nicht mit dir einkaufen gehen ...

Wenn du mit jemandem ausgehst, drückst du für gewöhnlich deine Gedanken aus. Du sagst deiner Begleitung, wo du gerne hingehen möchtest, wann du hungrig bist und so weiter. Du bist dich ihrer Gegenwart bewusst, oder nicht? Nun, das nächste Mal, wenn du irgendwo hingehst oder etwas tust, dann nimm einfach den Herrn mit.

Während du vergnügt deines Weges gehst und irgendetwas denkst, rede einfach mit dem Herrn. Sage dem Herrn genau diesen Gedanken. Sage zum Beispiel: „Wow Herr, ich bin jetzt wirklich so hungrig!"

Scheint das zu einfach und natürlich? Vielleicht ist es das. Aber weisst du was? Der Herr ist eine sehr natürliche und reale Person und solange du Ihn nicht wie eine solche Person behandelst, wirst du nicht in diese Beziehung mit Ihm kommen.

Solange du immer noch denkst, dass Er „irgendwo dort oben ist" und du deine Gebete in den Himmel hinaufkatapultieren musst, wirst du nicht in diese Beziehung mit Ihm hineinkommen.

Lass es uns also ins Natürliche hinunterbrechen. Lass es uns auf dein tägliches Leben hinunterbrechen und lass uns Seine Gegenwart praktizieren. Es liegt eine Kraft darin, wenn du dir Seiner Gegenwart bewusst bist, egal ob du einfach im Auto unterwegs bist, Frühstück machst oder zur Arbeit gehst. Es spielt keine Rolle, was du tust - sei dir Seiner Gegenwart bewusst.

Sei dir bewusst, dass Er 24 Stunden am Tag bei dir ist. Wenn du mitten in der Nacht wegen einem schlechten Traum aufwachst, wenn du am Morgen aufwachst und bevor du am Abend zu Bett gehst, rede mit dem Herrn.

Behandle Ihn wie eine reale Person und Er wird zu einer realen Person in deinem Leben werden, weil du deinen Fokus verändern wirst. Wenn du Ihn so siehst, wie Er wirklich ist, wirst du erkennen, so wie du erkannt worden bist. Du wirst langsam in eine Intimität mit Ihm hineinkommen, bis es nicht mehr nur Worte oder eine Anstrengung ist, sondern du wirklich fühlst, dass Er da ist.

Du wirst keinen Aufwand mehr unternehmen müssen, um mit Ihm zu kommunizieren, weil es die ganze Zeit aus dir heraussprudeln wird. Seine Gegenwart wird so real für dich werden, dass Er für dich so real wie jede andere Person dort draussen ist.

Dies wird dir helfen, auf eine Art und Weise zu fliessen, wie du es noch nie zuvor getan hast. Dies sollte eine Lebensweise für jeden Propheten sein. Praktiziere Seine Gegenwart.

SCHRITT 3 - INVOLVIERE IHN IN JEDEN TEIL DEINES LEBENS

So viele Christen machen einen schrecklichen Fehler. Sie denken, dass sie, wenn es um den Dienst und ihr geistliches Leben geht, den Herrn involvieren. Um den Rest ihres natürlichen Lebens kümmern sie sich selbst. Auf jeden Fall ist das so, bis sie vor einer Krise stehen und nicht mehr wissen, was sie als Nächstes tun sollen. Den Rest der Zeit tun sie die Dinge auf ihre Art und Weise.

Zum Beispiel: „Sollte ich meine Arbeitsstelle kündigen? Ich habe aber Angst, denn wenn ich kündige, sind die Chancen gross, dass ich keinen besseren Job finde ... aber vielleicht schon. Nur der Herr weiss dies wirklich ... lass mich also den Herrn fragen."

Aber dann macht dir jemand ein Angebot, das gut aussieht. Du kümmerst dich nicht mehr darum, den Herrn zu fragen, sondern gehst einfach und tust es.

Wenn du dich sicher und geborgen fühlst, brauchst du den Rat des Herrn plötzlich nicht mehr ...

Du sagst: „Lass uns hingehen und ein grösseres Haus kaufen, lass uns ein grösseres Auto kaufen ..." In all dies involvierst du den Herrn nicht einmal.

Deine Haltung sieht in etwa so aus: „Es ist offensichtlich ... ich kümmere mich um meine Dinge, aber wenn es um die Gemeinde, den Dienst und mein geistliches Leben geht, werde ich den Herrn miteinbeziehen. Ausser natürlich, wenn ich eine finanzielle Krise habe und dann bemitleidenswert zum Herrn ausschreie, bis Er mein Bedürfnis stillt ..."

Wie wäre es damit, auch die guten und aufregenden Dinge mit dem Herrn zu teilen? Sage Ihm: „Hey Herr, ich werde eine Geburtstagsparty machen ..."

„Ich gehe an eine Party. Willst du mitkommen?"

So sollte es sein. Mache nicht denselben Fehler, den andere machen, indem sie den Herrn aus den besten Bereichen ihres Lebens ausschliessen. Wenn du dies tust, wirst du zu sehen beginnen, dass du langsam mehr und mehr in Seine Gegenwart kommst. Du wirst in ein vollkommen neues Reich hineinkommen, das du dir nicht einmal vorzustellen beginnen kannst.

Darum lasse Ihn an jedem Bereich deines Lebens teilhaben!

SCHRITT 4 - GEHE WEG VOM LÄRM!

Du kannst den Herrn nicht hören, während es um dich herum laut ist. Wann immer ich an den geheimen Ort denke, dann sehe ich einige Bilder vor mir. Eines davon teile ich im Buch *Tamars Reise,* meiner bildhaften Geschichte der prophetischen Reise, mit dir.

In diesem Buch male ich mir den geheimen Ort als diesen wunderschönen grossen Baum aus, der auf einer lieblichen grünen Wiese nahe bei einem Fluss steht. Dort ist es ruhig. Dort sind nur der Herr und ich. Ich kann den sanften Wind spüren, das frische Gras riechen, die Vögel in der Ferne hören ... es ist so still!

Vielleicht siehst du ein anderes Bild. Vielleicht siehst du eines dieser alten Hochzeitszimmer mit einem grossen Bett, Kerzenlicht, einem grossen dicken Teppich am Boden und mit schweren Vorhängen an den Fenstern. Auf jeden Fall siehst du, dass es dort still ist. Es gibt keinen Lärm.

Es hat keine grosse Marschkapelle, die durch den geheimen Ort marschiert. Nenn mich altmodisch, aber dies ist nicht meine Idee von Romantik oder Intimität!

Du kannst nicht in eine Beziehung mit dem Herrn kommen, wenn es in deinem Leben laut ist. Nun, dieser Lärm mag Bitterkeit sein oder es mag sein, dass es so viel zu dienen gibt, dass du ununterbrochen herumrennst. Der Lärm mag all die Verantwortungen und Sorgen sein. Es mögen all die Probleme sein, mit denen du den Herrn immer wieder bombardierst.

Entferne dich vom Lärm. Lerne, einfach in Seine Gegenwart zu kommen und „zu sein". Wo auch immer du jetzt gerade bist, der Herr sitzt direkt neben dir. Spüre Seine Gegenwart und Seinen Frieden. Es ist schön und ruhig.

Wenn du in Seiner Gegenwart sitzt, wirst du Seine Stimme hören. Wenn du Seine Stimme nicht hören kannst, wirst du wenigstens spüren, wie Er bei dir ist. Sei also nicht gestresst.

Nachdem du dies gelesen hast, möchte ich eigentlich, wenn du die Möglichkeit dazu hast, dass du einfach ruhig mit Ihm dasitzt, bevor du all die Dinge in Angriff nimmst, die ich dir hier gelehrt habe. Ich will, dass du einfach nur dasitzt, und dir bewusst bist, dass Er direkt neben dir sitzt und du sagst: „Ich danke dir, Herr. Ich liebe dich, Jesus!"

Dann schliesse deine Augen und höre diese feine Brise und atme tief ein. Bitte Ihn um nichts und lieg Ihm nicht in den Ohren ... sei einfach still. Mache eine Gewohnheit daraus. Wenn du deine Gebetszeiten hast, wenn du im Wort liest, wie viel Zeit verbringst du damit, einfach nur still mit Ihm zusammen zu sein? Wie viel Zeit verbringst du damit, einfach nur vom Lärm wegzukommen und Ihn zu dir sprechen zu lassen?

Schritt 5 - Mache keinen Schritt ohne Seine Richtungsweisung

Dies ist ein schwieriger Punkt für einen Propheten. Ich sage dir dies jetzt gerade, denn wir haben diese

Angewohnheit - wir sind brutale, verrückte Pendelschwinger!

Wenn etwas gut aussieht, sind wir dort! Du rennst, springst und bist so begeistert!

Du gehst von einer Erfahrung zur nächsten. Du pendelst von:

„Ich fühle mich jetzt einfach in der Auferstehung! Ich könnte es mit der ganzen Welt und den Horden der Hölle aufnehmen!"

Wenn du das andere Ende des Pendels erreichst, sagst du: „Ich halte diesen Druck nicht mehr aus. Ich bin diesen Tod so müde. Niemand wird mir jemals zuhören und mein Leben wird nie richtig kommen ..."

Von der Höhe der Euphorie zu gestresst und deprimiert - das fasst in etwa den Propheten zusammen, an einem guten Tag.

Du schwingst von „die weltweite Gemeinde verändern zu wollen" bis hin zu „dich nicht einmal danach zu fühlen, zur Kirche zu gehen und jemandem zu dienen". Ich kenne dieses Problem gut, aber du musst dies überwinden, okay?

Komme an den Punkt, an dem du keinen Schritt ohne Seine Richtungsweisung machst. Lerne, Seine Stimme zu hören, egal in welche Richtung du gehst. Egal ob es in deinem persönlichen Leben, der Gemeinde oder deinem

Dienst ist, lerne Seine Stimme zu hören. Renne nicht einfach los. Höre Ihn zuerst zu dir sprechen.

Ich höre so viele Leute sagen: „Okay, ich werde dies tun und ich werde diesen Dienst verlassen und diesen starten ..." Ich sage zu ihnen: „Was hat der Herr gesagt?"

Sie antworten: „Oh, ich habe Ihn noch nicht gefragt!"

Die Menschen reden die ganze Zeit von ihren grossartigen Plänen, davon, was in ihren Leben und Diensten geschieht und davon, was sie tun werden. Aber was von all dem ist wirklich das, was der Herr ihnen gesagt hat?

Sie mögen sagen: „Nun, ich habe noch nicht wirklich darüber gejournalt, aber ich habe ein gutes Gefühl in meinem Geist."

„Wo hast du ein gutes Gefühl? In deinem Geist oder in deinen Emotionen?"

Für gewöhnlich antworte ich ihnen Folgendes: „Was hat Gott gesagt, dass du tun sollst? Hat Er dir gesagt, dass du diese Person einladen sollst, um ihr zu dienen? Hat Er dir gesagt, dass du diesen Schritt in deiner Arbeit oder mit deinem Haus machen sollst? Hast du Seine Richtungsweisung erhalten?"

Natürlich kannst du Seine Richtungsweisung auf viele Arten erhalten, wie wir dies lehrten, als wir über die sieben Wege, wie du Gottes Stimme hören kannst, lehrten. Aber hast du wirklich angehalten, um ganz klar Seine Richtungsweisung zu erhalten?

Als Prophet kannst du dir keinen „Ich-dachte-dies-ist-eine-gute-Idee-Moment" erlauben! Als Prophet hast du nur eine Wahl und das ist, Richtungsweisung zu erhalten und die Dinge auf Gottes Art und Weise zu tun.

Schritt 6 - Laut journalen!

Dies ist ebenfalls ein Projekt, das sehr Spass macht und etwas, dass du beginnen solltest, in deine Gebetszeiten aufzunehmen, sobald du dich mit Journalen wohlfühlst. Laut zu journalen macht die Stimme des Herrn so viel realer!

Wenn du laut journalst, ist der Herr genau dort mit dir, selbst wenn du den Klang deiner eigenen Stimme hörst. Wenn du dich also ans Journalen gewöhnt hast, gehe irgendwo hin, wo kein Lärm ist, und versuche, dein Journal laut auszusprechen, anstatt es aufzuschreiben.

Dies ist solch ein guter Weg, um näher zum Herrn zu kommen. Ich weiss nicht, wie es dir geht, aber jedes Mal, wenn ich diesen Weg praktiziere, um an den geheimen Ort zu kommen, dann fühle ich, wie ein frischer Wind der Salbung über mich kommt!

In Liedern zu journalen ist ebenfalls spannend! Ich bin solch eine expressive Person - ich mag es, die Dinge manchmal ein bisschen aufzurütteln. Ich werde gelangweilt, wenn ich immer denselben Weg benutze, um zum Herrn zu kommen. (Ich bin nicht anders in meiner Ehe, aber danke dem Herrn, dass mein Ehemann die Frucht des Geistes erworben hat, die Langmut heisst!)

Ich mag es, meine Gitarre zu nehmen und zu journalen, während ich spiele. Ich liebe es. Es lässt mich solch eine frische Salbung spüren!

Lass deine Beziehung mit dem Herrn nie eintönig, alltäglich und langweilig werden. Rüttle die Dinge ein bisschen auf! Journale laut oder singe deine Journals und habe Spass damit! Was auch immer du tust, behalte einfach auf jegliche Art und Weise Seine Gegenwart in deinem Leben.

Schritt 7 - Höre Seine Stimme im Wort

Wenn du in der Bibel liest, stelle dir vor, dass der Herr genau dort mit dir sitzt und diese Worte zu dir spricht. Dies mag nur eine kleine Blickveränderung sein, aber du wirst erstaunt sein, wie sehr es die Dinge verändert.

Wenn du den Herrn dort sitzen siehst, wie Er diese Worte zu dir spricht, wirst du über die Offenbarung und darüber, was du Ihn zu dir sagen hörst, erstaunt sein. Du wirst erstaunt sein über das plötzliche Rhema-Wort, das in deinen Geist kommen wird. Dieser Weg ist insbesondere dann wichtig, wenn du den Herrn um etwas bittest und du dich im Geist trocken fühlst.

Nehmen wir an, du hast dich im Glauben nach einem Wunsch ausgestreckt. Tue dir einen Gefallen, wenn du das nächste Mal die Bibel aufschlägst, und lies sie nicht einfach. Stelle dir vor, dass der Herr direkt neben dir sitzt und dir das Wort diktiert und genau diese Worte zu dir sagt und dann wird das Wort lebendig werden!

Es ist unglaublich, wenn du dies tust. Plötzlich sind die Worte der Bibel nicht mehr nur Worte auf einer Seite, es sind nicht mehr nur Logos-Worte, sondern sie werden stattdessen zu wahrem Rhema-Leben. Zum ersten Mal wirst du Gott in der Bibel hören. Wenn dies geschieht, ist dies, wie wenn du grosse, dicke Steinbrocken nimmst und sie in dein geistliches Fundament einbaust.

Hast du Schwierigkeiten, dich ans Wort zu erinnern?

Wenn du Schwierigkeiten hast, dich ans Wort zu erinnern, dann ist dies der Weg, um dies zu ändern! Du musst es persönlich machen. Du musst erkennen, dass es der Herr ist, der diese Worte zu dir spricht.

Letzten Endes ist es das, worum es geht. Es ist Sein Liebesbuch an dich. Es ist Sein Gedicht für dich, Seine Braut. Wenn du es liest, nimm es immer persönlich und es wird beginnen, in deinen Geist zu sinken und du wirst zu erkennen beginnen, dass der Herr eigentlich schon die ganze Zeit über zu dir gesprochen hat.

Du wirst beginnen, Seinen Charakter besser zu verstehen. Das ist das, was ich besonders liebe, wenn ich die Psalmen, die Prophetenbücher oder die Geschichten von König David lese.

Du siehst, wie Er die Situationen angepackt hat und beginnst Seine Art, Seine Natur besser zu verstehen. Selbst wenn du im Neuen Testament über Jesus liest, bekommst du ein besseres Gefühl davon, wie Er zu den Menschen sprach.

Wenn du dir vorstellst, wie Er diese Dinge zu dir sagt, dann bekommst du ein Gefühl davon, welche Art von Person Er ist. Er wird so real. Er wird einfach wie jemand, den du liebst. Du schaust die Schrift nicht mehr nur als Worte auf einer Seite an, sondern siehst sie als etwas, das Er gerade jetzt zu dir sagt.

Verändere deine Perspektive und mache das Wort zu etwas Lebendigem. Wenn du dies tust und es in deinen Geist hineinfüllst, gibt es dir so viel Kraft. Wenn du das nächste Mal aufstehst, um zu dienen, zu prophezeien oder etwas weiterzugeben, wird es mit solcher Kraft und Überzeugung herauskommen. Es hilft dir zu wissen, dass dies wirklich die Stimme Gottes ist und du willst sie einfach hervorsprechen, damit alle sie hören können.

DIE LETZTE PHASE DES TRAININGS

Dein prophetisches Training ist mit dieser Phase noch nicht abgeschlossen. Ich habe dir hier sieben sehr einfache Schritte aufgezeigt. Du kannst sie alle anwenden, aber vielleicht haben dich nur ein oder zwei dieser Schritte angesprochen.

Du kannst nur einen auswählen, es spielt keine Rolle. Sieh, welcher dieser Schritte am meisten in dir brennt und beginne, diese Beziehung zu entwickeln. Lerne, wie du zum Altar schreiten kannst. Unternimm einen Aufwand, um in Seine Gegenwart zu kommen. Gehe an den geheimen Ort. Es wird dich von allen anderen unterscheiden!

Tatsächlich, wenn ich Propheten betrachte und ich sehen will, welcher ein reifer Prophet ist, ist dies das, wonach ich Ausschau halte. Ich will sehen, ob diese Person den geheimen Ort kennt. Ich will wissen, ob sie weiss, wie man in eine Intimität mit dem Herrn hineinkommt.

Der Herr zeigte mir ein liebliches Bild, als ich selbst durch diesen Prozess hindurchging. Er zeigte mir, wie ich aus der Dunkelheit herauskam und ich in dieses kleine Zimmer hineinkam, in dem nur Er und ich waren. Dort gab Er mir diese Lichtkerze und es war solch eine intime Atmosphäre. Es war so ruhig. Diese Kerze begann dann, das Licht zu verteilen, bis ich durch und durch davon bedeckt war.

Als es überall verteilt war, sagte Er zu mir: „Okay, nun ist es Zeit für dich, zu gehen."

Dann trat ich in die Dunkelheit hinaus, aber ich war immer noch mit Seinem Licht bedeckt. Ich hatte Ihn bei mir. Darum geht es.

Wenn du in eine Beziehung mit dem Herrn kommst, wirst du aufgeladen und mit Seiner Salbung aufgefüllt werden! Wenn die Zeit vorüber ist, dann wird es an Zeit für dich sein, wieder dort hinauszugehen. Du wirst aber nicht so hinausgehen, wie du hineingekommen warst.

Du wirst erfüllt von Seiner Salbung hinausgehen! Du wirst Seine pure Gegenwart und Seinen Geist mit dir nehmen.

Du wirst merken, dass du nicht mehr so sehr anstrengen musst. Alles wird nicht mehr solch ein grosser Aufwand sein. Zu prophezeien oder jemandem in Liebe zu dienen, Bitterkeit loszulassen und mit deinem Fleisch fertigzuwerden - nichts von all dem wird mehr solch ein Kampf sein.

Geheime Abkürzung zum prophetischen Amt

Dies ist deine Abkürzung in die prophetische Reife. Wenn es jemals eine gegeben hat, dann ist sie es! Es ist eine Abkürzung, um mit dem Fleisch, deinen Fehlern, der Vergangenheit, deinem Mangel an Salbung ... um mit all dem fertigzuwerden! Diese Liebesbeziehung mit dem Herrn ist der Weg! Wenn du dort bist, ersetzt sie all den Dreck und Müll, den du in dir drin hast. Sie macht all den Schaden zunichte und füllt dich mit Kraft!

Wenn du fertig bist, wirst du aus Seiner Gegenwart herauskommen und du wirst etwas von dieser Kraft mitnehmen. Das Geniale daran ist, dass es so mühelos und natürlich sein wird. Die Leute werden zu dir kommen wollen, um den Saum deines Gewandes zu berühren, so wie sie es bei Jesus getan haben.

Jesus war voll davon. Er tat es die ganze Zeit. Er war immer in der Gegenwart Seines Vaters. Als Er hinauskam, glühte Er.

Ist es nicht das, was sie auf dem Berg der Verklärung sahen? Er glühte mit der Gegenwart des Vaters. Dies geschah auch mit Mose, als er auf den Berg hinaufging - er glühte.

Darum musst du diese Zeiten der Absonderung haben. Du musst auf dem Berg sein, damit du heimlich davonschleichen kannst, um mit Ihm von Angesicht zu Angesicht zusammen zu sein, bis du aufgefüllt bist. Sei nicht in solcher Eile, aus Seiner Gegenwart hinauszugehen. Warte, bis du aufgefüllt, durchtränkt und zum Überlaufen voll bist.

Wenn Gott dann die Tür öffnet, wirst du bereit sein, hindurchzugehen und alles, was du erhalten hast, hinauszugeben.

Wenn du all dies anwendest, dann will ich, dass du zu den Menschen um dich herum genauso sprichst, wie der Herr zu dir spricht. Wenn du dies tust, wirst du den geheimen Ort mitnehmen und ihn auch der Gemeinde vorstellen!

Kapitel 07

Aerobic-Training für Propheten

Kapitel 07 – Aerobic-Training für Propheten

Die prophetische Vorbereitung ist hart. Du musst nur die Kapitel 14-16 im Buch *Praktischer Prophetischer Dienst* lesen, um dies zu wissen oder du musst es nur ein wenig erleben. Es ist nicht einfach, aber ich will dir in diesem Kapitel Hoffnung geben, denn es gibt einen geheimen Weg, um schnell dadurch hindurchzugehen.

Obwohl dies eine der schwierigsten Zeiten im Leben eines Propheten ist, gibt es eine Hintertüre. In diesem Kapitel werde ich dir darum das Geheimnis verraten, damit du so schnell wie möglich durch diese schreckliche, zermürbende, zu Tode vernichtende Vorbereitung hindurchgehen kannst.

Als ich ein Teenager war, dachte ich, dass es eine fantastische Idee wäre, in einem Fitnessstudio zu trainieren. Du weisst, wie es in den 80ern war. Jeder, der jemand war, ging ins Fitnessstudio!

Noch „nicht begreifend", dass ich ein Prophet war und nie normal sein würde, versuchte ich dennoch, mit der Masse zu gehen und dazuzugehören.

Also ging ich dorthin und entdeckte, dass mir das Fitnessstudio eigentlich ziemlich Spass machte. Es gab nichts Besseres, als am nächsten Morgen mit schrecklichem Muskelkater aufzuwachen und das Gefühl zu haben, am Tag zuvor etwas erreicht zu haben.

Aerobic-Training für Propheten

Vielleicht klingt dies für einige ein wenig verrückt, aber für mich war dies normal. Wenn mir nichts ein bisschen wehtat, dann hatte ich das Gefühl, dass ich mich nicht fest genug angestrengt hatte. (Und da ist also die Prophetin, die plötzlich auftauchte ... immer so dramatisch!)

Wenn ich im Fitnessstudio trainierte und meine Muskeln bis ans Limit spannte, bis es schmerzte, sass ich nie da und beklagte mich: „Mensch, warum muss es so hart sein? Ah, dies ist solch eine schreckliche Erfahrung."

Nein, wenn du im Fitnessstudio bist und trainierst, dann hältst du dir immer die Vorteile vor Augen.

Du denkst daran, wie gut du am Ende des Jahres in diesem bestimmten Outfit aussehen wirst. Weil du dieses Bild in deinem Kopf hast, beklagst du dich nicht darüber, dass es so hart ist. Im Grunde umarmst du eigentlich den Schmerz.

Wie ich schon sagte ... vielleicht ein bisschen verrückt für einige, aber eine vollkommen normale Einstellung für einen Propheten!

GIB ES MIR!

Nun, dies ist sehr ähnlich wie die prophetische Vorbereitung. Niemand will jemandem weh tun. Niemand sagt: „Oh ja, komm schon und lass uns endlich sterben!"

Ausser du bist ein Prophet. Nur Propheten sind verrückt genug zu denken, dass dieser ganze Sterbe-Prozess Spass macht.

Weisst du warum? Weil wir wissen, dass es am Ende dieser Strasse immer einen Grund für all den Schmerz gibt. Es gibt einen Grund dafür, durch all den Tod und die Mühen hindurchzugehen.

Es gibt einen einfachen Weg durch das Drama hindurch

Aber du kannst einen einfacheren Weg wählen. Es gab eine Zeit, als ich im Fitnessstudio trainierte, als ich jemanden traf, der dort vollzeitlich beschäftigt war und der mir betreffend meiner Trainingsroutine ein bisschen helfen konnte.

Ich fand dies so nützlich, weil ich so unwissend war, wenn es um den Gebrauch all dieser verschiedenen Geräte und die verschiedenen Trainingsroutinen ging. Ich hatte keine Ahnung, was ich tat. Er konnte mich also durch all die verschiedenen Stationen hindurchführen, um mir zu zeigen, wie ich jedes Gerät gebrauchen konnte und was ich tun sollte. Er zeigte mir, welche Geräte gut für mich waren und welche nicht.

Ich werde zum Beispiel nicht an einer Bench Press trainieren, einem Gerät, bei dem man das Drücken in Rückenlage trainieren kann ... kannst du dir vorstellen, wie ich dies tue? Du musst wissen, dass ich ein wirklich dünnes, kleines Ding war, als ich ein Teenager war. Kannst du also sehen, wie ich daran trainiere? Ich denke nicht. (Nicht dass es mich davon abgehalten hat, es zu versuchen ... wohlgemerkt!)

Er zeigte mir also, an was ich mich halten sollte und was ich loslassen sollte. Das ist genau das, was ich in deinem prophetischen Training für dich tun will.

Lass uns die prophetische Vorbereitung anschauen. Lass uns vor allem die Geheimnisse anschauen, die dir helfen werden, schnell, mit ein bisschen weniger Schmerzen und ein bisschen mehr Gewinn, durch sie hindurchzugehen. Lass uns mit mehr Schwung daran herangehen und dich auf deinen Weg ins prophetische Training senden.

Die Punkte, die ich in diesem Kapitel abdecken werde, werden die Art und Weise verändern, wie du bis jetzt auf deiner prophetischen Strasse gelaufen bist. Beachte sie also bitte genau, okay?

DIE VORBEREITUNG - EIN DREI-SCHRITTE-PROZESS

Die Vorbereitung muss nicht ewig dauern. Tatsächlich wirst du durch deine Vorbereitung hindurchflitzen, wenn du meinen Drei-Schritte-Prozess befolgst.

SCHRITT 1: IDENTIFIZIERE DIE NÄGEL UND DIE DORNEN

Was sind die Nägel und die Dornen? Als sie Jesus ans Kreuz nagelten, hämmerten sie Nägel durch Seine Hände und legten Ihm eine Dornenkrone auf Seinen Kopf.

Was sind also die Nägel und Dornen, die du spüren wirst? Sie sind eigentlich sehr einfach zu identifizieren. Denke nur an die letzten paar Tage. Denke an diese schreckliche Situation oder diese schreckliche, nervende Person, die bei dir aneckte. Vielleicht gab es einen Pastor, Leiter oder Chef, der/die so unfair auf dir herumhackte ...

STACHELN, DIE WIE SCHLAGSTÖCKE SIND

Das tönt für mich ganz klar nach einem Nagel und einem Dorn! Es ist etwas, das dich sticht – etwas, das dich zusammenzucken und vor Schmerz aufschreien lässt. Es ist etwas, das dein Fleisch, deinen Stolz und deine Gefühle verletzt.

Ein guter Stachel klingt wie folgt: „Wie kommt es, dass ich überall, wo ich hingehe, mit Ablehnung und Attacken konfrontiert bin?"

Begreifst du es endlich? Hallo ... es gibt einen Grund dafür, warum du kontinuierlich in die Seite gestochen wirst! Er heisst prophetische Vorbereitung und wenn du schnell dadurch hindurchgehen willst, anstatt dich durch diese Umstände hindurch zu kämpfen, dann musst du beginnen, sie zu identifizieren!

WEHE MIR ...

Anstatt dass du einfach sagst: „Mensch, ich habe es wirklich schwer im Leben. Es ist einfach nicht fair. Alle hacken immer auf mir herum. Es spielt keine Rolle, in welche Gemeinde ich gehe oder welche Arbeit ich tue, alle hacken immer auf mir herum!"

Du nimmst einen kleinen Verfolgungswahn an Board und läufst herum und bemitleidest dich selbst. Nein! Das ist, wie wenn du ins Fitnessstudio gehst und sagst: „Mensch, ich weiss einfach nicht, was los ist … jedes Mal, wenn ich ins Fitnessstudio gehe, schmerzen meine Muskeln. Es ist einfach nicht fair. Ich bin sicher, dass es andere Menschen einfacher haben."

Nun, es wäre ein bisschen dumm, dies zu sagen, oder nicht? Es ist dasselbe mit deiner prophetischen Vorbereitung. Lass mich dir sagen, die Menschen sind immer sofort bereit, ein Dorn und ein Nagel in deinem Leben zu sein!

Beginne also zu erkennen, welche Umstände dich jetzt gerade zerquetschen und welche Umstände dich so fest an die Wand nageln, dass du heulen und schreien möchtest.

Ich habe nie gesagt, dass es fair sein wird. Ich spreche von Umständen, die schwierig sind und dich verletzen und die dich vielleicht sogar depressiv machen und zerdrücken.

Ich spreche von Dingen, die gegen dich ankommen und ausser Kontrolle sind. Identifiziere die Nägel und die Dornen, denn Gott versucht jetzt gerade, in deinem Leben etwas auf den Punkt zu bringen.

2. Gib zu, dass es dein Fleisch ist!

Es ist so einfach, wenn die Nägel und Dornen kommen, die Person zu verfluchen, die sie hineinhämmert. Du sagst: „Ich weiss, dass ich in Liebe reagieren sollte. Ich weiss, dass mich dies nicht ärgern sollte ... aber es tut es!"

Wenn du dies einfach zugeben könntest, befändest du dich schnell auf dem Weg dazu, diese Dinge, die Gott in dir aufzeigt, anzugehen und sie zu überwinden.

Siehst du, die Vorbereitung ist für dich - sie ist nicht für die anderen. Hier ist darum ein grosser Realitätscheck für dich - **Natürlich ist es nicht fair!** Hast du erwartet, dass es fair sein würde?

Wenn es fair wäre, dann würdest du nicht so reagieren, wie du es jetzt gerade tust. Wenn es nett und schön wäre, dann würdest du nicht diesen Sturm zusammenfluchen, wie du es jetzt gerade tust.

Wenn alles wunderbar wäre und jeder nett zu dir wäre, würdest du nie das Fleisch kennenlernen, dass in dir drin ist. Du würdest den Balken nicht sehen. Aber das ist der Zweck und das Ziel der Vorbereitung - denn Dreck, der da ist, ans Licht zu bringen.

Es ist einfach, die Drücke anzuschauen und zu sagen: „Nun, dieser Pastor wandelt wirklich im Fleisch. Mein Chef wird im Moment wirklich vom Feind gebraucht."

Lass mich dir noch einmal sagen, dass dies alles nicht fair ist. Es geht nicht darum, was sie tun oder denken. Es geht nicht um ihre Rolle, sondern es geht um dich!

HALLO HERR BALKEN!

Du musst zuerst deinen eigenen Balken anschauen. Wenn du bei diesem wichtigen Schritt versagst, wirst du nie über die Vorbereitung hinaus und ins Training hineinkommen. Aus diesem Grund mache ich hier einen solchen Punkt!

Weisst du, wie viele Studenten zu mir kamen, die nicht verstehen konnten, warum sie nach 40 Jahren immer noch nicht im prophetischen Amt waren? Nun, das ist der Grund dafür.

Es ist darum so, weil sie eine superlange Liste davon haben, was all die anderen ihnen angetan haben. Nicht ein einziges Mal kam es ihnen in den Sinn, dass Gott versuchen könnte, einen wichtigen Punkt anzusprechen.

Wenn du dich im gleichen Bereich und immer auf die gleiche Art und Weise unter Druck fühlst, egal wo du hingehst, dann ist hier der Realitätscheck: Gott will nicht ihnen, sondern dir etwas mitteilen!

Es geht um deinen Balken, den du jetzt gerade anschauen musst. Wenn du also einfach stoppen, diesen Balken anschauen und sagen kannst: „In Ordnung. Was sie getan hat, war gemäss dem Wort Gottes die ungerechteste Sache, die sie im Leben je getan hat.

Ich weiss, Gott wird sie heimsuchen, ... ABER lass mich dies jetzt zur Seite legen und lass uns anschauen, warum ich auf diese Art und Weise reagiere. Warum ist es so, dass ich jedes Mal in Tränen ausbreche und mich selbst rechtfertige, wenn jemand diesen winzig kleinen Knopf in mir drückt?"

Zwei falsche Reaktionen

Frage dich dann ebenfalls, ob dies der richtige Weg ist, um auf diese Situation zu reagieren. Siehst du, du kannst auf zwei Arten reagieren. Du kannst explodieren und hysterisch werden und selbst den armen Prediger bepredigen oder du kannst auch die andere falsche Sache machen und dich einfach verstecken und sagen: „Nun, ich werde einfach nicht darauf reagieren. Der Herr wird mich rechtfertigen. Der Herr wird sich um mich kümmern und dann werden sie schon sehen!"

Beide Reaktionen sind falsch. Gott will, dass du sagst: „Okay, dies lässt mich wirklich zusammenzucken. Dies ärgert mich wirklich. Warum ärgert es mich? Spricht es eine Schwäche in mir an? Spricht es eine gewisse Stärke in mir an?"

Wenn du dies einfach anschauen könntest, dann würdest du deine Vorbereitung sofort in den Griff bekommen. Diese Muskeln fühlen sich gut an, weil du weisst, dass du dem Ziel näherkommst.

Anstatt dass du also immer entmutigt wirst wegen all dem Druck, der dir auferlegt wird, kannst du ermutigt und begeistert sein.

Du wirst plötzlich den Grund für all dies sehen und zu dir selbst sagen: „Du meine Güte. In all diesen Jahren versuchte der Herr mir zu zeigen, dass mein Bedürfnis, gebraucht zu werden, verschwinden werden muss. Er versuchte, mir mein Bedürfnis nach Akzeptanz, Arroganz und Stolz aufzuzeigen. Er versuchte, mein Fleisch ans Kreuz zu nageln."

Noch einmal, falls du es mich zuvor nicht hast sagen hören, all diese Dinge werden nicht fair sein. Erwarte die Nägel und Dornen nicht von Menschen, die dich verstehen werden.

Du kannst hoffen und beten, dass du einen Mentor haben wirst, der gnädig genug ist, einen Nagel in dich hineinzuhämmern. Aber meistens wird es von denjenigen kommen, die dich herunterziehen wollen.

Was denkst du, wie Jesus sich fühlte? Es waren nicht Seine Jünger, die die Nägel in Seine Hände schlugen. Es waren die Soldaten, die die Nägel in Seine Hände schlugen. Es waren Seine eigenen Brüder, die Juden, die Ihn ans Kreuz sandten und riefen, dass man Ihn kreuzigen soll.

Denkst du, das war fair? Wir schauen hier jemanden an, der keine Sünde hatte. Wenn einer Seiner Lehre, „deinen eigenen Balken anzuschauen" hätte entkommen können, dann wäre dies Jesus gewesen! Er war in jedem Bereich vollkommen „balkenlos".

Doch selbst der sündloseste und perfekteste Mensch, der jemals auf dieser Welt lebte, sass nicht da und beklagte sich. Er sagte stattdessen: „Vater, vergib ihnen. Herr, in deine Hände befehle ich meinen Geist."

Er nahm es auf sich, weil Er wusste, dass ein Ziel vor Ihm lag. Er wusste, dass darauf eine Auferstehung und Kraft, die die Welt noch nie gesehen hatte, folgen würde. Und so fühlte Er den Schmerz und sagte: „Leg los, denn ich weiss, wohin dieser Schmerz führt!"

Wenn du beginnen kannst, diese Haltung gegenüber dem Druck und den Umständen, die dich jetzt zerdrücken, anzunehmen, wirst du so schnell durch die Tode hindurchhüpfen, dass du dich kopfüber ins Training stürzen wirst!

In der Tat, du magst dich vielleicht fragen, warum du so lange brauchtest, um diesen Punkt zu verstehen.

3. Lerne, schnell zu sterben!

Du kannst nicht schnell sterben, solange du nicht zugegeben hast, dass dein Fleisch da ist. Die Menschen wollen einfach sagen: „Oh, ... das war so unangenehm, ich werde einfach schnell sterben!"

„Okay, also was genau lässt du los und warum stirbst du?"

„Oh, ich lasse einfach alle los, die gemein zu mir sind! Ich lasse all diesen Druck los."

Ich wünschte mir sehr, dass es so funktioniert! Leider ist es ein voller Drei-Schritte-Prozess und du musst durch jeden dieser Schritte hindurchgehen.

Erstens, identifiziere die Dornen und die Nägel und dann bekenne dein Fleisch.

Gib zu, dass du ein Problem hast. Gib zu, dass deine Reaktion falsch ist und dass es schmerzt. Gib zu, dass dies etwas in dir hervorgebracht hast, dass weniger als göttlich ist. Es ist gut, an diesem Punkt zu sein.

Wenn du schlussendlich an diesen Punkt kommst und all den Dreck, deine Schwächen und deine natürlichen Stärken, die dich dazu bringen, hineinzuspringen und es alles selber zu tun, siehst, dann erkennst du, dass du es eigentlich nicht tun kannst.

Du wirst zum Herrn sagen: „Herr, ich kann diese Ablehnung nicht ertragen. Ich kann diesem Druck nicht begegnen. Herr, ich sehe, dass ich nicht einmal ein winziges Quäntchen Liebe in mir habe!

Ich weiss, dass diese Person, die gegen mich ankommt, so falsch ist, aber ich habe es einfach nicht in mir, auf die Art und Weise zu antworten, wie ich sollte."

Gut - nun bist du bereit, endlich zu sterben. Nun bist du bereit, an den Punkt zu kommen, an dem du erkennst, dass es nicht fair ist, aber dass es weh tut und du nicht weisst, wie du korrekt damit umgehst.

Du magst sogar zum Herrn sagen: „Ich weiss nicht einmal, wie ich sterben soll, Herr!"

Das ist gut, denn nun bist du bereit, deinen Geist wirklich in Seine Hände zu geben. Nun bist du bereit, wirklich loszulassen.

UNABHÄNGIG DAVON, WIE DU DICH FÜHLST ...

An diesem Punkt wirst du dich nicht länger rechtfertigen oder argumentieren. Du wirst auch nicht länger kämpfen oder versuchen, irgendwo aus deinen Zehen Liebe hervorzuziehen. Du kommst zum Kreuz und stirbst, egal wie du dich fühlst. Du gibst es auf, darauf zu warten, dass sich deine Gefühle zuerst verändern.

Du gibst dich dem Herrn hin und lässt Ihn wissen, dass du einfach Seine Liebe durch dich hindurchfliessen lassen wirst. Du sagst: „In deine Hände befehle ich meinen Geist!"

Fühlst du nicht dieses tiefe Rumoren, das dich in diesen Tod ruft? Eigentlich ist es nicht eine schlechte Sache. In der Tat, du wirst dich so fühlen, als könntest du zum allerersten Mal seit einer Ewigkeit richtig atmen.

Ich hatte während meinem prophetischen Training viele Male einen Traum, in dem ich unter Wasser schwamm und ich hatte solche Angst, dass ich ertrinken würde, aber dann atmete ich plötzlich tief ein und entdeckte, dass ich unter Wasser atmen konnte.

Dieser Vorbereitungsprozess ist sehr ähnlich. Am Anfang bekämpfst du den Tod. Du mühst dich mit dem Fleisch ab und der Druck kommt auf dich. Die Nägel werden hineingehämmert und du schreist, aber schlussendlich kommst du an einen Punkt, an dem du einfach nicht mehr damit umgehen kannst.

Du erkennst: „Warte einen Moment, ich schaffe es hier nicht", und so gibst du dich hin. An diesem Punkt erkennst du, dass du unter Wasser atmen kannst!

VOLLKOMMENE HINGABE

Du erkennst, dass du, wenn du loslässt und endlich stirbst, an dieses Kreuz gehst und Christus heruntersteigt. Dass Er etwas in deinem Leben tut, das du nicht tun kannst. Um eine Bibelstelle zu zitieren: *Wenn aber das Vollkommene kommt, wird das, was stückweise ist, weggetan werden. (1. Korinther 13,10)*

In anderen Worten, wenn dieser Druck oder diese Umstände diesen Tod, den es brauchte, in dir bewirkt haben, wird es nicht mehr länger ein Problem sein. Du wirst diesen Tod nicht noch einmal konfrontieren müssen.

Wenn du dem wirklich abstirbst, wirst du es nicht mehr konfrontieren müssen. Dies ist also deine Abkürzung. Deine Abkürzung führt beim Kreuz vorbei.

Sei also bereit, durch das Kreuz hindurchzugehen. Besitze die Vernunft, zu lernen, schnell zu sterben und argumentiere nicht. Könntest du dir Jesus vorstellen, wie Er dort stand und sagte: „Nun, schaut Jungs, die Wahrheit ist, ich bin wirklich unschuldig und ich denke einfach nicht, dass ihr mich jetzt gerade ans Kreuz nageln solltet. Lasst uns dies logisch betrachten."

Ich denke nicht. Die Schrift sagt: „Genauso wie ein Schaf stumm ist vor seinen Scherern, so war Jesus stumm."

Es heisst, dass Er nicht ein Wort sagte, um sich zu verteidigen. Es heisst, dass Er einfach die Nägel hinnahm. In der Tat, als die Nägel kamen, sagte Er: „In deine Hände befehle ich meinen Geist, Vater."

WIE LANGE NOCH?

Er wusste, dass etwas Besseres kommen würde. Wenn du merkst, dass du im Moment einfach nicht weiterkommst und dass die Drücke zunehmen, ohne dir Zeit zum Atmen zu lassen, und dich mit dem Wunsch zurücklassen, einfach zu schreien ... gut.

Wie lange wird es noch dauern, bis du an dein Ende kommst? Wie lange noch, bis du Gott die Kontrolle gibst? Wie lange dauert es noch, bis du an dieses Kreuz gehst, damit Christus hinuntersteigen kann?

Wie viele Dinge und Ablehnungen, Drücke und harte Korrekturen musst du noch aushalten, bevor du es begreifst? Wie viel mehr musst du hinnehmen, bis du erkennst, dass es nicht länger du bist, der lebt, sondern Christus, der in dir lebt und was du jetzt im Fleisch lebst, lebst du in Ihm ...? (Galater 2,20)

Es geht nicht darum, ob du richtig oder falsch bist. Es geht nicht darum, was gut und was schlecht ist. Es geht nicht darum, was rechtschaffen ist und was nicht. Nichts dieser Dinge spielt eine Rolle.

Es geht darum, wie du reagierst. Es geht darum, was Gott in dir anspricht. Wenn du es einfach bekennen und dich dem unterordnen kannst, dann bekommst du eine einfache Fahrkarte ans Ende dieser Reise!

Du kannst die Ruhe spüren, du kannst lernen unter Wasser zu atmen und deine Muskeln zu dehnen - mit einer neuen Kraft und Stärke, die du nie zuvor hattest.

Während du beginnst, durch all diese Lehren hindurchzugehen, wirst du beginnen, den Ruf in den Tod zu spüren. Nicht auf eine schlechte, sondern auf eine gute Art und Weise. Du wirst erleben, wie ein paar gute Tode des Fleisches auf dich zukommen.

Es gibt viele dort draussen, die sagen: „Oh, Gott ruft mich in den Tod", aber sterben sie jemals wirklich „richtig"?

Die Leute sagen oft: „Ich gehe gerade durch einen Tod hindurch!"

Was sie in anderen Worte sagen, ist, dass sie sich an diesem Kreuz hinaufstemmen, wie ein Ferkel quietschen, so dass man ihre Beine brechen muss. So lernst du nicht, schnell zu sterben!

Wann kommst du wirklich an den Punkt, an dem du dein Fleisch dem Kreuz unterordnest und Christus die Kontrolle übergibst?

KAPITEL 08

MEILENSTEINE DER PROPHETISCHEN REISE

KAPITEL 08 – MEILENSTEINE DER PROPHETISCHEN REISE

Ich habe eine unverkennbare Macke, dass ich mich in meinem eigenen Hinterhof verirren könnte. Mein Orientierungssinn ist schrecklich - so schrecklich, dass mein Ehemann einen Witz hat. Er sagt zu mir: „Liebling, wann immer du vollkommen sicher bist, dass du nach rechts gehen musst, drehe dich um 180 Grad und gehe nach links, weil die Chancen gutstehen, dass du falsch liegst!"

Wir nennen es die „Toach-Regel". Er pflegt immer zu sagen: „Liebling, wenn du abbiegen willst, wende die Toach-Regel an."

Sagen wir zum Beispiel, wir würden in ein Einkaufszentrum gehen, in dem wir schon viele Mal waren und wir würden zum Parkplatz gehen. Ich gehe also zur Tür hinaus und bin überzeugt, dass wir nach rechts gehen müssen und dann schaut mich mein Ehemann auf diese Art und Weise an und sagt: „Liebling, noch einmal, wende die ‚Toach-Regel' an!" Ich stehe dort und merke, dass ich wieder einmal in die komplett falsche Richtung gegangen bin.

Nun, er machte sich selbst eigentlich mehr Schwierigkeiten, denn mein Ehemann war auch derjenige, der mir das Autofahren beibrachte.

Wir hatten also diese wunderbare Kombination: Autofahren lernen und sich nicht verirren! Er hatte seine Hände voll zu tun, aber er gab mir einen wunderbaren Tipp.

Er sagte: „Weisst du, wenn du irgendwo hingehst, merke dir die „Meilensteine" um dich herum. Dann, bevor du deine Reise überhaupt antrittst, schliesse deine Augen und sieh, wo du hingehen willst, welche Abzweigungen du nehmen wirst und welche Angriffsmethode du gebrauchen wirst, um auf diese Reise zu gehen."

Wenn du bereits ein Bild der Meilensteine in deinem Kopf hast und du diese halb heruntergerissene Stange an der einen Kreuzung sehen kannst, die Tankstelle auf der linken Seite dort drüben und dich an das helle, pinke Gebäude auf der rechten Seite erinnern kannst ... dann wirst du wissen, wohin du gehen musst.

Du wirst dich nicht an Dinge wie „Zuerst biege ich links ab und dann drehe ich nach rechts ab" erinnern müssen.

Hasst du nicht auch Leute, die dir solche Richtungsweisungen geben? Sie sagen: „Gehe einfach drei Kreuzungen weiter und biege dann beim Stoppschild links ab, fahre bis zur dritten Ampel und nimm dann die zweite ..."

Ich erinnere mich nie an solche Anleitungen. Mein Ehemann zeigte mir also einen einfacheren Weg und sagte mir, dass ich nach Erkennungszeichen Ausschau halten solle.

Und so kann ich nun, bevor ich mich auf irgendeine Reise begebe, sofort in meinen Gedanken die Richtungsanweisungen durchgehen und all die wichtigen Orte bestimmen, an denen ich die Richtung ändern muss.

DIE DREI MEILENSTEINE IN DEINER PROPHETISCHEN VORBEREITUNG

Nun, ich will einige dieser Meilensteine in deiner prophetischen Vorbereitung anschauen. Es gibt drei sehr klare Meilensteine, die du identifizieren musst, bevor du dich auf den Weg machst.

Diese drei Meilensteine sind Tod, Auferstehung und Verherrlichung.

Wenn du diese Meilensteine identifizieren kannst, bevor du dich auf den Weg machst - dann ist es weniger wahrscheinlich, dass du in die Wand rennst.

Gehe nicht einfach in das grosse Unbekannte hinaus, nicht wissend, wohin du gehen wirst. Habe ein bisschen Einsicht.

Lass uns also diese drei Meilensteine im Detail anschauen, denn du wirst ihnen in deiner prophetischen Vorbereitung immer und immer wieder begegnen - nicht nur das, sondern es zieht sich auch weiter durch dein Training hindurch. Eigentlich auch nicht nur das, du wirst ihnen sogar begegnen, wenn du im prophetischen Amt bist.

Lerne sie daher auswendig und lerne, mit ihnen zu leben. Lerne, sie zu sehen, sie zu riechen, zu fühlen, zu schmecken und zu hören. Du kannst sicher sein, dass du immer in die richtige Richtung gehen wirst, wenn du das tust.

1. Tod

Worum geht es bei dem schrecklichen Prozess des Todes des Fleisches wirklich? Wie identifizierst du diesen Prozess?

Nun, zuerst werden deine Schwächen blossgelegt. Sünde wird blossgelegt und auch deine Stärken werden blossgelegt. Du siehst all die Makel und die Dinge, die sich verändern müssen. Dies ist eine Phase, die du immer und immer wieder erleben wirst. Schaue nur einmal zurück auf die letzten paar Monate in deinem Leben - das letzte Jahr - und du wirst fähig sein, diese Meilensteine viele Male in deinem Leben zu lokalisieren.

Ich spreche von Situationen, denen du begegnet bist, in denen all der Dreck herauskam und deine Sünde blossgelegt wurde - in denen du dich schrecklich und depressiv, entmutigt, abgelehnt und verurteilt fühltest ...

Es kommen also all diese Dinge hoch und du siehst diese Makel, Fehler und Probleme ... ABER das ist nicht der Tod. Es ist nur der Vorbote. Es ist nur das Warnschild, das sagt: „Du musst hier abbiegen."

Tod kommt nur, wenn du deine Sünde siehst und du an den Punkt kommst, an dem du realisierst, dass du dich selbst nicht reparieren kannst.

Du kannst nicht sagen, dass du durch den Prozess des Todes hindurchgegangen bist, solange du nicht wirklich gelernt hast, endlich zu sterben! Siehst du - die Drücke und die schwierigen Situationen sind nicht der Tod.

Tod bedeutet, an den Punkt zu kommen, an dem du realisierst, dass du es nicht tun kannst. Tod bedeutet, deine Sünde zu sehen und zu erkennen, dass du dich selbst nicht retten kannst, sondern einen Retter brauchst.

Tod bedeutet, an den Punkt zu kommen, an dem du realisierst, dass du nicht einmal tun kannst, was Gott will, dass du es tust - dass du dir nicht einmal wünschen kannst, was Er möchte, dass du es dir wünschst.

Du versuchst, im Geist zu wandeln und all dieses Fleisch kommt hoch, so dass alles, was du siehst, Sünde ist. Tod ist nicht, deine Sünde zu sehen und dann zu versuchen, sie zu flicken.

„Nun, ich sehe, dass ich in diesem Bereich sündige, also werde ich einfach aufhören, zu sündigen und darum habe ich gelernt, endlich zu sterben!"

Oh nein, du hast noch nicht einmal den ersten Meilenstein erreicht - das ist nicht der Tod. Du kannst das Fleisch nicht mit dem Fleisch reparieren. Tod kann nur kommen, wenn du erkennst, dass du dein Fleisch nicht reparieren kannst.

DIE LÄSTIGE RECHTE HAND!

„Ich elender Mensch! Wer wird mich retten von diesem sündhaften Leibe?", sagte Apostel Paulus. Ich verstehe diesen Mann sehr gut. Du willst Gott dienen. Du willst es richtig machen und wendest diese Prinzipien so sehr an und wandelst in Glauben, Hoffnung und Liebe. Du willst im Geist sein, aber ... elender Mensch, der ich bin!

Diese schreckliche Sünde kommt immer wieder hoch. Diese Gedanken tauchen immer wieder in meinem Kopf auf und plötzlich tut meine rechte Hand genau das, von dem ich weiss, dass sie es nicht tun sollte.

Du mühst dich ab und versuchst es angestrengter. Du sagst also: „Okay, ich werde einfach weniger sündigen. Das ist es! Von jetzt an werde ich zu all diesem Essen, das ich immer wieder esse, nein sagen, weil ich weiss, dass es Sünde ist. Ich weiss, dass es Fresserei ist. Ich werde einfach nein sagen. Ich werde diesen Schokoladenkuchen oder diesen Donut nicht essen ... oh Junge ... ich kann diesen Donut so gut vor mir sehen ..."

Und bevor du es dir bewusst bist, gibst du dem Fleisch nach! Warum - weil es alles ist, worüber du nachdenkst. Du denkst die ganze Zeit über das Fleisch und über all die falschen Dinge, die du tust, nach!

Nun dann, rate einmal? Du produzierst nur noch mehr Fleisch und Sünde, weil es alles ist, worüber du die ganze

Zeit nachdenkst. Darum ist es das, was du produzieren wirst.

Weisst du, es ist einfach so wie bei jemandem, der mit Rauchen aufhören will. Er sagt: „Ich werde nicht rauchen. Ich werde nicht rauchen!" Was für ein Bild malt diese Person in ihren Gedanken? Rauchen, Zigaretten ... Sie sieht, wie sie die ganze Zeit an einer Zigarette zieht.

Das Schlimmste ist, dass du nachgibst und dich so schuldig fühlst. Du hast gesündigt und wieder versagt. Du hast diese Schwäche wieder hochkommen lassen und nun fühlst du dich deswegen so schlecht. Dann sagt der Feind: „Ja, schau dich nur an. Du hast es vermasselt!"

Siehst du, du bist nicht gestorben! Du hast einfach nur dein Fleisch identifiziert und dann versucht, dein Fleisch mit mehr Fleisch zu reparieren. Nun, Dunkelheit kann Dunkelheit nicht vertreiben. Du kannst nicht in einen dunklen Raum hineingehen, einen Eimer nehmen und Eimer voll Dunkelheit aus dem Raum hinauswerfen. Nein, du drehst einfach das Licht an und die Dunkelheit verschwindet.

Wenn du an den Punkt kommst, an dem du dir bewusst wirst, dass du dein Fleisch nicht flicken kannst, sagst du: „Herr, wenn du dieses Gefäss gebrauchen kannst, dann tue es bitte ... aber ich kann mein Fleisch nicht flicken. Ich gebe mein Fleisch in deine Hände! Vergib mir, Vater. Ich brauche einen Retter!"

Wenn du dies sagst, zeigst du, dass du am Lernen bist „endlich zu sterben" - dann machst du das Licht an und beginnst die Kraft des Todes und der Auferstehung zu entdecken.

Du beginnst zu verstehen, dass Tod bedeutet, an einen Punkt zu kommen, an dem du siehst, dass du nicht aufhören kannst, zu sündigen. Es gibt etwas in dir drin, der Same der Sünde in deinem Fleisch, der dich antreibt.

Es ist selbst wie Apostel Paulus sagt: „Obwohl ich weiss, was richtig ist, tue ich diese Dinge, von denen ich weiss, dass ich sie nicht tun sollte. Ich elender Mensch …"

Wann werde ich mich verändern?

Erst dann, wenn du erkennst, dass du dein Fleisch nicht flicken kannst, sondern dass du es nur ans Kreuz bringen kannst! Aber obwohl du an dem Punkt ankommst, an dem du dein Fleisch aufgibst und loslässt, kommt die Veränderung noch nicht sofort.

Es bringt dich einfach an einen Punkt, an dem du im Grab und dem Fleisch abgestorben bist. Die Veränderung kommt bei deinem zweiten Meilenstein, der die Auferstehung ist!

2. Auferstehung

Hier ist eine klassische Situation: Der Herr hat soeben dein schreckliches Bedürfnis in dir offenbart, immer in Kontrolle sein zu müssen. Du erkennst, dass du nichts Anderes als kontrollierend und arrogant bist und dass du andere Menschen gebrauchst, um das zu bekommen, was du willst.

Du sagst: „Oh Herr, was für eine Art von Leiter war ich? Ich war ein kontrollierender, unsicherer Leiter, der alle herumgestossen hat. Ich hatte keine Liebe oder Gnade!"

Du fühlst dich so schrecklich und kommst an den Punkt, an dem du realisierst, dass du nicht einmal richtige Liebe, richtiges Mitgefühl oder richtige Zärtlichkeit hast und so kommst du ans Kreuz und sagst: „Herr, ich kann dies einfach nicht tun und ich lasse es los! Herr, hilf mir."

Am nächsten Tag bietet sich eine Möglichkeit und jemand klopft an deine Türe. Du musst dort hinausgehen und aktiv dienen und Mitgefühl und Liebe zeigen.

Ein anderes Szenario: Jemand kommt mit der genau gleichen Sünde zu dir und nun musst du dieser Person dienen.

Du denkst: „Herr, du machst Witze, oder? Ich bin hier erst gerade durch diesen ganzen Tod hindurchgegangen, in dem ich realisiert habe, dass ich keine Liebe und kein Mitgefühl zeigen kann und nun muss ich darüber predigen? Ich bin jetzt gerade solch ein Hochstapler. Ich würde am liebsten in ein Loch kriechen und sterben!"

Durch Seine Gnade

Das sind gute Auferstehungen! Sie sind sehr demütigend und sie bringen dich an einen Punkt, an dem du sagst: „Durch Seine Gnade allein!"

Meilensteine der prophetischen Reise

Wenn du aufstehst, um zu predigen, weisst du ganz genau, dass nichts Gutes in dir drin ist. Wenn du in dieser Auferstehung aufstehst und dich unterordnest, wirst du die Salbung auf eine Art und Weise erfahren, wie du es noch nie zuvor getan hast.

Dann wirst du aufstehen, um zu dienen oder zu predigen und du wirst Offenbarungen bekommen wie nie zuvor. Du wirst auch solche Kraft bekommen und wissen, dass Gott einfach etwas in dir getan hat, wenn du von dort wieder hinuntersteigst!

Du stehst auf und predigst über diese Sache und du fühlst diese Liebe und dieses Mitgefühl, dass du dir nicht helfen kannst, sondern einfach in Ehrfurcht über das, was Gott in dir getan hat, dastehst.

Weisst du, was jedoch das Problem ist? Das Problem ist, dass du auf die Salbung wartest, bevor du hinaustrittst! Genauso wie du dich abmühst, endlich zu sterben, wenn du dann tatsächlich „endlich stirbst", sitzt du im Grab und wartest darauf, dass die Veränderung über dich kommt, bevor du hinaustrittst.

Vielleicht hat Gott deine geistliche Arroganz, zu denken, dass du besser als alle anderen bist, angesprochen. Dann zeigt Er dir, dass du so sündhaft bist wie derjenige neben dir und du fühlst dich so schlecht deswegen.

Dann öffnet Er dir eine Möglichkeit, um zu dienen, aber du willst es nicht tun, weil du auf die Liebe und die Veränderung wartest, damit sie zuerst in dein Herz kommt. Du willst zuerst in den Spiegel schauen und die

Veränderung sehen und erst, wenn du sie siehst, wirst du bereit sein, hinauszutreten!

DIE VERÄNDERUNG KOMMT IN DER AUFERSTEHUNG!

Es tut mir leid, aber so funktioniert es nicht. Die Veränderung kommt in der Auferstehung! Sie kommt nicht im Prozess des Todes. Sage mir, wann wurde Gottes Königreich gebaut? War es, als Jesus sagte: „Es ist vollbracht!", oder als Er auferstand und all Seine Jünger Ihn sehen konnten?

Es war in dem Moment, als sie Ihn in Kraft auferstehen sahen und als die neutestamentliche Gemeinde geboren wurde. Er sagte zu ihnen: „Empfangt den Heiligen Geist!" Es war in Seiner Auferstehung, als die Kraft kam und Er verändert wurde.

Es war nicht im Tod. Der Tod war nur ein Zugang. Der Tod bereitet dich einfach auf die Kraft vor, die kommen wird, aber er ist nicht das Ende des Prozesses. In der Tat ist er nur der Anfang. Er ist ein Zugang zur Auferstehung und weiter zur Verherrlichung.

Das ist der Ort, wo die Kraft ist und dies ist ein sehr spannender und begeisternder Weg.

Die Veränderung kommt in der Auferstehung! Bist du seit Monaten im Grab und im Tod gesessen? Die Veränderung wird nicht dort kommen. Du wirst dich nicht plötzlich besser fühlen!

Vielleicht hat der Herr dein Bedürfnis nach Annahme und Anerkennung in den Tod geführt. Und nun wartest du darauf, dass dieses Bedürfnis plötzlich einfach weggehen wird. Du hast es sterben lassen und du hast es identifiziert und sagst: „Herr, ich gebe es dir!"

Also sitzt du da und wartest, bist du es nicht mehr fühlst und du fragst dich, warum nichts geschieht? Weisst du, wann es sich verändern wird?

BEGINNE, VORWÄRTSZUGEHEN!

Wenn du aus deinem Loch hervorkommst und beginnst, vorwärtszugehen. Erlaube Gott, dich zu gebrauchen und dann, während du hinausfliesst, wirst du es in solch einer Schwäche tun, weil du wissen wirst, was Gott gerade eben in dir adressiert hat. Du kennst die Sünde, die da ist!

Es ist so demütigend, an diesem Ort zu sein. Da bist du also - dienst genau betreffend der gleichen Sache, in der du gerade versagt hast!

Erst dann wirst du erkennen, dass das Bedürfnis nicht mehr da ist. Je mehr du hinaustrittst und je mehr du in Seiner Salbung bist, ist es wie Wasser, das durch dich hindurchfliesst. Du weisst, dass es aus deinem Geist kommt und es nimmt allen Dreck mit sich mit. Es verändert dich auch, weil der gleiche Geist, der Christus von den Toten auferweckt hat, auch in dir ist und Er deinen sterblichen Körper beleben wird.

Dann kommst du über den Tod hinaus und sagst: „Okay Herr, lass mich nun hinaustreten und in unglaublicher Demut hinausfliessen."

Ich hatte oftmals meine grössten Tode genau vor einem Treffen. In der Tat, mein Ehemann kann nur nicken und darüber lachen, denn die grössten Todeserfahrungen hatten wir im Auto auf dem Weg zu einem Treffen.

KREUZIGUNGS-DRIVE-THROUGH

Einfach toll! Gott stellt plötzlich etwas bloss oder es gibt einen Konflikt genau vor einem Treffen. Plötzlich kommt all dein Dreck hoch und ... rate einmal? Ich habe fünf Minuten, um „endlich zu sterben!"

„Okay Herr, das ist einfach grossartig. Ich bin eben daran, dort hineinzugehen und diesen Menschen das zu geben, was du mir gegeben hast und hier kommst du und entblösst alle Sünde in mir. Das ist einfach toll ... danke!"

Eigentlich ist es gut, wenn es so geschieht, denn dann hast du keinen Ort, an dem du dich verstecken kannst. Dies ist der Zeitpunkt, an dem du wirklich lernst, schnell zu sterben. Vertraue mir in diesem Punkt! Du schreist also zum Herrn aus, stirbst schnell, wischst dein Gesicht trocken und trägst deine Wimperntusche noch einmal auf (oder richtest deine Krawatte neu), kommst an und jeder denkt, dass du so voller Freude des Herrn bist!

Du andererseits würdest aber lieber in ein Loch kriechen ... Dann stehst du auf und all diese Gesichter schauen dich an und warten auf das, was Gott zu sagen hat.

Du schaust zurück und denkst: „Ich habe nichts, das ich geben könnte, weil nichts Gutes in mir drin ist! Herr, nicht mein Wille, sondern dein Wille soll geschehen. Wenn du mich gebrauchen willst, dann brauche mich!"

Ich sage dir, diese Zeiten, wenn ich an diesen Meilensteinen vorbeigegangen bin, waren die Zeiten, in denen mich der Herr auf machtvolle Art und Weise gebraucht hat. Du erkennst, dass es nicht länger „ich bin, der lebt", sondern Christus, der in mir lebt.

Du gehst wirklich an dieses Kreuz und Jesus sagt zu dir: „Ich danke dir. Nun kann ich hinuntersteigen!"

Er ist derjenige mit der Kraft, der Herrlichkeit und der Salbung. Wenn du solche Erfahrungen erlebst, stehst du in Demut da. Du weisst, was in dir ist, aber dann weisst du auch, dass derjenige, der in dir ist, grösser ist als deine Sünde und dein Fleisch!

Wenn du diese Kraft erlebst und die Schwäche überwindest, die Gott in dir offenbart hat, dann ist es Zeit, zum Meilenstein Nummer drei weiterzugehen.

3. VERHERRLICHUNG

Dies ist der beste Meilenstein von allen! Der Herr wird dich nicht nur auferstehen lassen und dorthin zurückbringen, wo du zuvor warst. Er will dich höher emporheben. Er will dir eine grössere Vision geben. Er will dir mehr Verantwortung geben.

Siehst du, darum musste Er dich zuerst in diesen Tod führen. Er wollte deinen Stolz angehen, weil Er dir mehr geben wollte. Er musste dein Kontrollbedürfnis angehen, weil Er dir mehr Leute unterordnen wollte.

Er wollte, dass du dich mit deinem Bedürfnis nach Akzeptanz auseinandersetzt und es bewältigst, damit du dich nach mehr ausstrecken kannst als je zuvor. Siehst du, diese Stolpersteine des Fleisches standen in deinem Weg. Dein Verlass auf diese Stärken standen dir im Weg, um in die grössere Vision, die Gott für dich hat, hineinzukommen.

HÖHER, SCHNELLER, STÄRKER

Nun, so wunderbar dies ist, ist nicht einmal die Auferstehung das Ende der Strasse. Du musst in Phase Nummer drei hineinstehen und nicht ins Grab zurückfallen. Du musst vorwärtsdrängen, denn Gott will dir mehr geben, als du zuvor hattest.

Wenn du nur mit einer Person arbeitest, will Gott, dass du mit zwei arbeitest. Wenn du nur in einem Bereich gedient hast, dann will Er, dass du in mehr Bereichen dienst als zuvor. Das ist der Zweck davon und es ist der beste Teil.

Wenn es darum geht, in die Autorität des Propheten hineinzustehen, dann ist dies die Reise, die du antreten musst. Dies sind Meilensteine, an denen du vorbeikommen musst.

Wenn du durch den Tod hindurchgegangen bist, wo du so verletzlich und entblösst vor dem Herrn bist und du durch die Auferstehung hindurchgegangen bist und du weisst, dass es nur durch Seine Gnade allein ist, sagt Gott normalerweise zu dir: „Gut gemacht, guter und treuer Diener! Weil du diese fünf Talente genommen hast und sie vermehrt hast, und du gelernt hast dranzubleiben, gebe ich dir hier fünf weitere Talente."

„Hier ist mehr, als du jemals zuvor hattest. Du hast dich nun mit wenig bewährt, darum werde ich dir mehr Autorität und Verantwortung geben."

So steigst du auf. Wenn du dich so fühlst, als ob du feststeckst, als ob du im Kreis herumgehst, dann hast du die Meilensteine verpasst. Du fährst auf der Autobahn und du siehst ein Meilenstein dort drüben und du fährst einfach daran vorbei. Du verpasst die Abzweigung.

Versuche nicht, eine von ihnen auszulassen. Sitze nicht da und suhle im Grab, aber springe auch nicht einfach zur Auferstehung und denke, dass du durchdrängen und durchdrängen wirst ... Nein, das hilft auch nicht.

Der Schlüssel zur prophetischen Autorität

Willst du wissen, wie du in der prophetischen Autorität wandelst? Du hast gesehen, wie ich handle und wenn du mit unserem Dienst vertraut bist, dann hast du gesehen, wie all die Propheten und Apostel handeln. Du kannst nicht anders als die Autorität zu sehen.

Es ist so, wie die Juden von Jesus sagten: „Er spricht nicht wie die Schriftgelehrten. Er spricht mit Autorität." Von den Jüngern sagten sie: „Wir können sehen, dass sie mit Jesus unterwegs waren, weil sie mit Autorität sprechen!"

Nun, woher kommt diese Autorität? Von wo kommt dieses besondere „Etwas"? Es kommt davon, verherrlicht zu werden - davon durch den Prozess des Todes und dann der Auferstehung hindurchzugehen und dann darüber hinauszugehen, um mehr auf dich zu nehmen als je zuvor. Du nimmst eine grössere Verantwortung an, die Gott für dich hat!

Schreie also nicht, wenn es kommt. Wenn mehr Druck, mehr Leute und mehr Verantwortung kommen, als womit du umgehen kannst, dann ist es Zeit, um verherrlicht zu werden.

Das Grossartige daran ist, dass du es mit allem aufnehmen kannst, wenn du wirklich durch den Tod- und Auferstehungsprozess hindurchgegangen bist. Diese zwei Prozesse bereiten dich auf den letzten vor.

Wenn du wirklich an den Ort kommst, an dem du Gott kennst, dann kann dir Gott so viel mehr anvertrauen.

Er weiss, dass du die Dinge nicht aus Seiner Hand herausnehmen wirst. Er weiss, dass Er dich irgendwohin führen kann und dir Seine Salbung und Seine Kraft geben kann. Er weiss, dass du sie nicht missbrauchen wirst, um Leute zu manipulieren oder dich selbst gut aussehen zu lassen.

Du wirst sie zu Seinem Nutzen gebrauchen und darum wird Er dir mehr geben, als du je zuvor hattest. Willst du mehr? Willst du mehr Kraft und Autorität?

Identifiziere diese Meilensteine und lerne, durch diesen Prozess hindurchzugehen, denn Gott will dich in dieser Autorität erheben, aber du musst dich zuerst bewähren. Wenn du dich bewährst, wirst du dich als ein Prophet erheben, den alle anschauen und von dem alle sagen werden: „Ich kann sehen, dass er/sie mit Jesus war wegen der Autorität, mit der er/sie spricht."

DIE STARTLINIE DEINER REISE

Wenn du diese Prinzipien genommen und sie zu deinen eigenen gemacht hast, während du dieses Buch gelesen hast, dann bist du gut vorbereitet und bereit, zum Propheten zu werden, den Gott dich zu sein berufen hat.

Ich kann dir Prinzipien geben und meine persönliche Erfahrung mit dir teilen. Ich kann dir sogar sagen, was Gott tun wird, aber ob du es schaffen wirst oder nicht, hängt von dir ab. Es hängt nicht einmal vom Herrn ab.

Wirst du es durch das prophetische Training hindurchschaffen? Es hängt wirklich von dir ab. Bist du wirklich bereit, den Preis zu bezahlen? Bist du bereit, es auf Gottes Art und Weise zu tun? Bist du bereit, die Tode und das Fleisch zu konfrontieren und dich selbst anzuschauen? Bist du bereit, in deiner eigenen Schwäche, aber in Seiner Kraft hinauszustehen?

Ich kann dir nur diese Prinzipien zeigen. Ich kann dir nur die Strasse zeigen, die du gehen wirst, aber es ist der Heilige Geist, der den Druck bringt und es ist an dir, zu sagen: „Vater, in deine Hände befehle ich meinen Geist." Nur du kannst dies tun. Nur du kannst diese Prinzipien Teil deines Lebens machen!

Die Frage bleibt bestehen ... Was wirst du damit tun? Nachdem du all diese Dinge gelernt hast und durch all unsere prophetischen Lehren hindurchgegangen bist, ist dein Kopf nun voll mit so viel Wissen.

WAS WIRST DU DAMIT TUN?

Du hast ein paar Dinge erlebt und das ist grossartig! Nach allem, was du gelernt hast, nach all den Projekten, die du gemacht hast, nun, was wirst du wirklich damit tun?

Ist es nur ein weiteres Buch, das du gelesen hast? Ist es nur eine Menge an Lehre mehr, die du in deinen Kopf gestopft hast oder wird es etwas sein, dem du erlauben wirst, dein Leben zu verändern? Ich kann diese Frage nicht für dich beantworten. Nicht einmal Gott kann diese Frage für dich beantworten. Nur du kannst das tun!

Bevor du nun weitergehst frage dich selbst: „Habe ich wirklich mein Herz darin hineingegeben? Bin ich bereit, mich zu verändern?

Meilensteine der prophetischen Reise

Bin ich bereit, Gott etwas in meinem Herzen tun zu lassen und nicht nur in meinem Kopf?"

Wie ich schon sagte, nur du wirst dies jemals wissen!

Nun, dies ist der Moment ... dies ist das Ende dieses Buches! Du hast bis hierhin überlebt und ich gratuliere dir! Wisse jedoch, dass dies nicht das Ende ist. Es gibt mehr prophetische Trainingsmaterialien, die wir für dich haben.

Du kannst als Nächstes das Buch *Prophetische Grundlagen* anschauen. Deine Reise hat erst gerade begonnen!

ÜBER DIE AUTORIN

Colette kam in Bulawayo, Zimbabwe zur Welt und ist in Südafrika aufgewachsen. Sie hatte schon in jungen Jahren einen grossen Eifer, dem Herrn zu dienen. Weil ihre Familie schon seit vielen Generationen christlichen Leiter hervorbringt und sie als Pastorenkind aufgewachsen ist, ist die Realität des Dienstes nichts Fremdes für sie. Obwohl sie viel Schweres, wie zum Beispiel die Scheidung ihrer Eltern, Ablehnung und Armut erlitt, folgt sie dem Herrn weiterhin von ganzem Herzen nach. Durch das Überwinden dieser Hindernisse in jungen Jahren wurde ein Fundament des Mitgefühls und ein Wunsch in ihr geformt, anderen zu helfen, in ihrem Leben siegreich zu sein.

Seit diesem Zeitpunkt führte der Herr Colette und ihren Ehemann Craig Toach, *Apostolic Movement International*, einen Dienst, durch welchen christliche Leiter aus aller Welt trainiert und ermutigt werden, zu gründen. In diesem Dienst geben sie auch alle Weisheit weiter, die der Herr ihnen dadurch gegeben hat, dass sie sich immer wieder dazu entschieden, sowohl in ihrem persönlichen Leben wie auch in ihrem Dienst, durch das läuternde Feuer zu gehen.

Darüber hinaus ist Colette auch eine fantastische Köchin und eine wunderbare Mutter nicht nur für ihre vier leiblichen, sondern auch für ihre zahlreichen geistlichen Kinder aus der ganzen Welt. Colette ist auch eine bekannte Autorin, eine Mentorin, eine Trainerin und eine Frau, die einen sehr guten Geschmack hat, wenn es um Schuhe geht! Der Bibelvers "für alle Menschen alles sein" trifft hier zweifellos zu und der Herr fügt Tag für Tag neue Dinge zu ihr hinzu.

Wie schafft sie das alles? Erlebe durch jedes Buch und durch jede Lehre das Leben eines Apostels aus erster Hand und erhalte Einblick darin, wie die Berufung Gottes jeden Aspekt deines Lebens in ein unglaubliches Abenteuer verwandeln kann.

Erfahre mehr unter www.colette-toach.com

Tritt auf Facebook mit Colette Toach in Kontakt!
www.facebook.com/ColetteToach

Finde auf Amazon.com mehr über Colette heraus:
www.amazon.com/author/colette/toach

EMPFEHLUNGEN DER AUTORIN

Beachte: Die Abkürzung AMI steht immer für Apostolic Movement International.

Wenn dir dieses Buch gefallen hat, sind wir überzeugt, dass dir auch die folgenden Bücher gefallen werden.

PROPHETISCHE GRUNDLAGEN

Buch 1 der Prophetischen Wegführer Serie

Von Colette Toach

In diesem Buch wirst du lernen, dass die Berufung eines Propheten viel mehr umfasst als die Funktionen und Aufgaben, die der Prophet erfüllt. Jeder, der im prophetischen Dienst fliesst, kann ähnliche Aufgaben ausführen, wie ein Prophet im Amt sie ausführt.

Wenn es in dir brennt, jeden erforderlichen Preis zu bezahlen und dich zu erheben und die Barrieren zwischen dem Herrn Jesus und Seiner Braut niederzureissen, dann, mein Freund, hast du das richtige Werkzeug in die Hand genommen, das das Feuer in deinem Bauch und die Berufung Gottes auf deinem Leben bestätigen wird.

Wenn du durch die Seiten dieses Buches hindurchgehst, wirst du Prophezeien und den prophetischen Dienst nicht länger als Anfang und Ende deiner prophetischen Berufung ansehen. Du wirst eine Schwelle überschreiten und in die Fülle deiner Berufung und der Verantwortung von Gottes wahren Propheten hineinkatapultiert werden.

DER WEG DER TRÄUME UND VISIONEN

Von Colette Toach

Dieses Buch ist der Schlüssel, der dir die Türe zum geistlichen Bereich öffnen wird. Unabhängig davon, ob du den Herrn erst gerade kennengelernt hast oder ob du schon lange mit Ihm unterwegs bist, wirst du auf jeder Seite dieses Buches eine Schatzkarte finden, die dir aufzeigt, was der Herr gerade jetzt zu dir sagt!

Verstehe die Geheimnisse in deinen Träumen und komme an einen Ort der Zuversicht betreffend der Zukunft, die Gott für dich hat und erlebe Frieden, weil du weisst, dass Er in Kontrolle über deinem Leben ist!

PRAKTISCHER PROPHETISCHER DIENST

Von Colette Toach

Wäre es nicht unglaublich, wenn jemand dir auf dem Weg zu deiner prophetischen Berufung vorausgegangen wäre und dir alle Schlaglöcher gezeigt hätte, bevor du hineingefallen bist?

Schritt für Schritt offen dargelegt, wirst du mit diesem Buch jemanden haben, der dir auf In diesem Buch wirst du jemanden haben, der dir Schritt für Schritt sagt, was du unterlassen, was du umarmen und, am allerwichtigsten, was du auf deiner prophetischen Reise als Nächstes tun sollst

WIE DU GOTTES STIMME HÖRST (SET FÜR EINE STUDIENGRUPPE)

Von Colette Toach

Den Herrn zu kennen beinhaltet mehr, als einfach die Prinzipien des Wortes zu verstehen. Es bedeutet zu lernen, wann Er spricht und an den Geheimnissen Seines Herzens teilzuhaben.

Wenn du diesem Kurs abgeschlossen hast, wirst du herausgefunden haben, dass der Herr keine Lieblingskinder hat, sondern dass jeder Gläubige Ihn klar und deutlich hören kann.

A.M.I. PROPHETIC SCHOOL

www.prophetic-school.com

Unabhängig davon, ob du erst gerade losläufst oder ob du schon eine Weile unterwegs bist, wir haben alle Fragen.

Wer könnte diese besser beantworten als ein anderer Prophet!

Mit über 18 Jahren Erfahrung ist die A.M.I. Prophetic School eine führende Schule im Bereich des Prophetischen.

Von engagierten Lektoren und Trainern über Live-Streaming bis hin zum Abschluss ist die A.M.I. Prophetic School ein Zuhause fern von zuhause.

Empfehlungen der Autorin

Was unser prophetisches Training erreicht

Unser umfangreiches Training basiert auf einem
Studienplan, der auf zwei Jahre ausgelegt ist und es wird:

1. Dir helfen, deine prophetische Berufung zu identifizieren und zu bestätigen.
2. Dich effizient trainieren, damit du in allen Geistesgaben fliessen kannst.
3. Dir helfen, dass du deine Bestimmung als Prophet in der Lokalgemeinde erfüllen kannst.
4. Dich an der Hand nehmen und durch den Prozess des prophetischen Trainings hindurchführen.
5. Dir ein Expertentraining in geistlicher Kampfführung geben.
6. Dich für Fürbitte und Erlass ausrüsten.
7. Dich lehren, wie du im Lobpreis und in der Anbetung dienen kannst.
8. Dir helfen, prophetische Reife zu erreichen.

KONTAKTANGABEN

Um unsere grosse Auswahl an Materialien anzuschauen, gehe zu: www.ami-bookshop.com

Hast du Fragen zu unseren Produkten?

Kontaktiere uns: +1 (760) 466 - 7679
(9.00 – 17.00 Pazifische Standartzeit (PTS), nur an Wochentagen)

E-Mailadresse: admin@ami-bookshop.com

Postadresse:

> A.M.I
> 5663 Balboa Ave #416
> San Diego, CA 92111, USA

Facebook-Seite:
http://www.facebook.com/ApostolicMovementInternational

YouTube-Seite:
https://www.youtube.com/c/ApostolicMovementInternational

Twitter-Seite: https://twitter.com/apmoveint

Amazon.com-Seite: www.amazon.com/author/colettetoach

AMI Bookshop – Es ist nicht einfach Wissen, es ist **lebendiges Wissen**

www.ingramcontent.com/pod-product-compliance
Lightning Source LLC
Chambersburg PA
CBHW071718090426
42738CB00009B/1807